Seekajak

Nigel Foster

Die Deutsche Bibliothek – CIP-Einheitsaufnahme
Foster, Nigel:
Seekajak / Nigel Foster
Oberschleißheim: Pollner, 1996

ISBN 3-925660-31-3

Impressum

Rotdornstr. 7 · D-85764 Oberschleißheim

2. Auflage 2001
Deutsche Übersetzung: Waltraud Felsl, München
Satz: Brita Maier-Broszeit, Unterbiberg
Druck: Pollner Verlag

Der Verlag dankt Norbert Erdmann und Jürgen Hoh für die fachliche Beratung.

Autor: Nigel Foster
Titel der englischen Originalausgabe: Sea Kayaking

Gedruckt auf chlorfrei gebleichtem Papier.

Der Autor bedankt sich bei Chris Hawkesworth von Wild Water für die Bereitstellung der Ausrüstung und bei all denen, die ihre Zeit für die Fotoaufnahmen zur Verfügung gestellt haben. Fernhurst Books möchte Geoff Good von der British Canoe Union für seine hilfreichen Kommentare bei der Durchsicht des Manuskripts danken.

Fotos: Julia Claxton, Neil Ryder, Drew Delaney, Mark Harrison und Nigel Foster
Zeichnungen: Paul Clayton

Übersetzung: Waltraud Felsl
(Mein Dank gilt Roland Ruß und Christian Harms!)

Adresse von Nigel Foster Canoeing Ventures Seekajakkurse:
5, Tan-y-Bwlch
Mynydd Llandegai
Bethesda
Gwynedd
LL57 4DX
Großbritannien

Titelseite: Udo Beier
Fotos Titelrückseite und Seite 1 und 2: Archiv P. Nicolai

Nigel Foster

Seekajak

Ausrüstung Fahrtechnik Sicherheit

Übersetzung Waltraud Felsl

Pollner Verlag

Inhalt

Vorwort

Das Seekajakfahren bietet eine geradezu magische Art von Freiheit. Es erschließt uns die Küste von einer anderen Perspektive. Im Seekajak bewegen wir uns in unserem eigenen, selbstgewählten Rhythmus durch das Wasser.

Bei plötzlich auftretenden Gefahrensituationen können wir nicht auf Hilfe von außen zurückgreifen. Das richtige Know-how kann hier den Unterschied zwischen Leben und Tod bedeuten.

Als ich als Teenager mit dem Seekajakfahren anfing, lernte ich nur durch Ausprobieren. Ich wohnte in Südengland und karrte mein Faltboot, so oft ich Zeit hatte, 3 km weit bis an den Strand. Es gab nichts schöneres für mich, als an der Küste entlangzupaddeln. Die Luft war erfüllt mit dem Tosen der Brandung, die die kleinen Flintsteine ans Ufer warf, nur um sie gleich wieder mit sich zu reißen. Es roch nach Seegras, das in der Sonne trocknete, und die weißen Kreidefelsen waren in helles Licht getaucht. Meine Phantasie wurde beflügelt! Ich liebte es, durch das Wasser zu gleiten und die Freiheit, die mir ein Boot gab – selbst das Gefühl der Besorgnis, das mich bei der Gewißheit überkam, daß ich nur einzig und allein mit meinem Können sicher an Land kommen würde. Ich war jung und voller Begeisterung, doch, wie mir inzwischen klar geworden ist, hatte ich oft Glück. Ich paddelte uneffektiv, und beging Fehler, die mich in unvorhergesehene Gefahrensituationen brachten.

Dieses Buch deckt die Grundlagen ab, die ich mir mit eigenen Erfahrungen erarbeiten mußte. Es zeigt auf, was uns auf dem Meer erwartet und erklärt wichtige Paddeltechniken. Es trägt dazu bei, Fehler zu vermeiden und Gefahrensituationen früh zu erkennen. Ganz gleich, ob wir auf einem ruhigen Meeresabschnitt durch das Wasser gleiten, bei spiegelglatter See gemächlich dahinpaddeln, oder ob wir durch die rauhen Turbulenzen einer ausgesetzen Felsenküste, einer Brandungszone oder einer Gezeitenstromschnelle hindurchnavigieren – wir müssen dabei immer vorhersehen, wie sich die Bedingungen auf dem Meer ändern, und ein Verständnis dafür entwickeln, welche Auswirkungen Gezeitenströme, Wetter, Dünung und verschieden geformte Küstenlinien haben. Dieses Buch soll allen Paddlern ein Ratgeber sein.

Am meisten werden Sie von meiner Arbeit profitieren, wenn Sie alle beschriebenen Techniken üben und sich Zeit nehmen, die dahinter stehende Theorie zu erfassen. Ich habe dieses Buch von der ersten bis zur letzten Seite mit unentbehrlichen Details gefüllt. Wahrscheinlich werden Sie einige Abschnitte mit dem Paddel in der Hand mehrmals lesen müssen, bis Sie die Bewegungsabläufe verstanden haben. Doch die Zeit und Energie, die Sie in diese Aufgabe stecken, wird sich später auf dem Wasser bezahlt machen.

Ein großer Unterschied zwischen Anfänger und erfahrenem Paddler ist seine gesteigerte Beobachtungsgabe: die Fähigkeit, alles um sich herum aufzunehmen, Vorgänge zu interpretieren und entsprechend darauf zu reagieren. Dieses Buch soll erklären, wie Sie sich in Ihrem Boot in Einklang mit dem Meer und der Natur fortbewegen.

Obwohl ich mich schon seit 30 Jahren aktiv mit dem Seekajakfahren beschäftige, mache ich immer wieder neue Erfahrungen. Ich habe viele Jahre damit verbracht, Gruppen auf Touren in Island, in der Arktis, in Norwegen und in Schottland zu führen.

Ich habe in Holland Dänemark Finnland und Kanada Kurse geleitet und Vorträge auf Seekajak-Symposien von Irland bis Schweden und von Florida bis Washington gehalten. Meine Liebe zu diesem Sport ist größer als je zuvor.

Ich wünsche Ihnen allen, daß Sie sicher und mit viel Spaß beim Paddeln unterwegs sind.

Es war ein warmer Frühlingstag in Nordwales, an dem wir zu viert von einem steilen Kieselstrand aus in See stachen. Wir paddelten durch das ruhige Wasser und erreichten das Ende der kleinen Meerenge; von dort aus konnten wir die unruhige See im Wechsel der Gezeiten zwischen dem Festland und der kleinen Insel weniger als einen Kilometer von uns entfernt gut überblicken. Wir hatten errechnet, daß die Flut zu diesem Zeitpunkt am stärksten sein würde, und steuerten mit unseren Seekajaks weit ins Meer hinaus in Richtung des nördlichen Teils der Insel. Zufrieden konnten wir beobachten, wie sich die Umrisse der Insel schnell an uns vorbeibewegten. Die Strömung der Flut trug uns auf die andere Seite. Als wir uns der Insel näherten, bedurfte es nur einer kleinen Kursänderung, um die Seitwärtsdrift zu unterbrechen, und unsere Kajaks zwischen einem vorgelagerten Felsen und den Klippen hindurchzumanövrieren. Hinter uns fuhr eine kleine Segelyacht die Küstenlinie entlang auf der Suche nach einer Brise und nutzte die vier Knoten schnelle Tidenströmung, um Sprit zu sparen.

Zwanzig Minuten später genossen wir in unseren Kajaks die Fahrt auf der seewärts gelegenen Seite der Insel, entlang der Kalksteinsteilküste des Kaps, dort wo Papageientaucher umherschwirrten, und Lummen über unseren Köpfen kreuz und quer durcheinander flogen, während die weniger wendigen Eissturmvögel elegante Kurven über dem Wasser zogen. Es war ein sehr idyllischer Morgen.

Als wir in unsere Betrachtungen vertieft waren, tauchte plötzlich aus dem Wasser ein schnurrbärtiges Gesicht auf und beäugte neugierig die schlanken Formen unserer Boote. Nach kurzer Zeit erschienen mehr und mehr Köpfe um uns herum, die mit hellen, aufmerksamen Augen jedes unserer Kajaks musterten. Die Robbe, die neben meinem Boot schwamm, erkannte ich als das Weibchen wieder, das ich schon seit Wochen hier beobachtet hatte. Ich sprach mit sanfter Stimme und redete zur Belustigung meiner grinsenden Freunde eine ganze Menge Unsinn. Die Robbe jedenfalls hatte offensichtlich keine Angst mehr vor mir. Sie bewegte sich selbstbewußt auf mich zu und schwamm neben meinem Kajak her. Zehn Minuten steuerten wir unsere Kajaks bedächtig um die Felsen herum, begleitet von unseren wachsamen Freunden. Dann näherte sich die mutigste der Robben mit einer Unverfrorenheit, die ich noch nie zuvor erlebt hatte, dem Bug meines Bootes, rollte sich auf den Rücken und bewegte sich langsam mit Hilfe ihrer Flossen am Rumpf des Bootes entlang. Das

nächste Mal tauchte sie an meinem Paddelblatt auf, das auf dem Wasser lag. Sie beschnupperte es ausgiebig, während sie mich mit ihren großen braunen Augen wachsam beobachtete. Als eine andere Robbe in der Nähe mit einem lauten Platschen ins Wasser eintauchte, war sie in Windeseile verschwunden. Augenblicke später kehrte sie zu ihren Untersuchungen zurück. Ich war wie gebannt.

Einige Jahre später und über 3000 km entfernt in Neufundland paddelten Tim und ich durch den Nebel, eine erfrischende Brise im Rücken. Wir waren dort bereits mehrere Wochen die Küste entlanggepaddelt. Unsere Campingausrüstung hatten wir in den wasserdichten Stauräumen unserer Kajaks untergebracht. Der Wetterbericht hatte vor Stürmen gewarnt, durch die sich der Nebel heben würde, doch im Moment navigierten wir mit Hilfe unseres Kompasses, und hielten auf Bell Island zu, das wir in einer Stunde erreichen würden. Bevor wir die Insel erreicht hatten, hatte sich der Nebel gehoben, aber der Wind hatte auf dem Meer hohe Wellen aufgepeitscht. Einige gezielte Paddelschläge und wir schossen auf der Welle vorwärts; es bedurfte nur noch kleiner Korrekturen mit dem Heckruder um die Kajaks auf Kurs zu halten. Einige Stunden später heulte der Wind in Sturmstärke um das Kap Saint Francis. An der Spitze des Kaps, unserem geplanten Anlandeplatz, spritzten die riesigen Brecher des Atlantik über die Felsen und der Wind trieb riesige Gischtwolken auf das Meer hinaus.

Mit dem starken Wind hatten wir gerechnet, aber nicht mit den hohen Wellen. Trotz der schlechten Bedingungen mußten wir anlanden. Den felsigen Strand hinunter verlief eine schmale Slipanlage aus gehobelten Baumstämmen. Die Steine am Strand waren zu groß, so daß es bei diesem Seegang unmöglich war anzulanden, ohne daß die Boote Schaden nehmen würden. Die Slipanlage war unsere einzige Möglichkeit. Wir lagen vor der Brandungszone und beobachteten die Wellen. Zuerst donnerten einige schwere Brecher an das Ufer, es folgte eine kurze Serie niedrigerer Wellen, nach der sich wiederum Brecher auftürmten und sich an den Strand wälzten. Als die Wellen wieder niedriger wurden sprintete ich in Richtung Strand. Bei jedem Brecher, der mich von hinten überholte, mußte ich rückwärts paddeln, um von ihm nicht mit ans Ufer getragen zu werden. Als ich die Slipanlage schon fast erreicht hatte, mußte ich das Boot noch einmal abbremsen, da sich eine Welle unter meinem Bug brach. Ich paddelte vorwärts um mich auf ihrem Rükken ans Ufer tragen zu lassen. Mit schnellen Ziehschlägen verhinderte ich, daß mich das Wasser seitwärts über die Kante der Slipanlage trug. Ich wartete bis die Welle abzulaufen begann, bevor ich aus der Luke meines Bootes stieg und mein Kajak in Sicherheit brachte. Ich war angelandet.

Tim war der nächste. Er wartete einen günstigen Moment ab und schoß mit perfekter Bootsbeherrschung auf die Slipanlage zu, wo ich ihn erwartete. Wenige Momente später stand er wohlbehalten neben mir. In Hochstimmung spazierten wir auf der Insel herum auf der Suche nach einem geeigneten Platz, an dem wir unser Zelt aufstellen konnten.

Seekajakfahren erfordert eine Kombination aus Auffassungsgabe, Planung und technischen Fähigkeiten. Man benötigt Kenntnisse in den Bereichen Wetterkunde und Gezeitenlehre, Routenplanung, und man muß wissen, wodurch Wellen entstehen, und wie sie die Fahreigenschaften des Kajaks beeinflussen. Die Ausrüstung sollte gut durchdacht und den jeweiligen Erfordernissen angepaßt sein, und das Können muß auch bei veränderten Bedingungen noch ausreichen.

Betreibt man es richtig, so kann Seekajakfahren eine wunderbare Erfahrung sein. Es kann uns der Tierwelt, den Elementen und uns selbst näher bringen. Jedoch sollte man nie vergessen, sich zu fragen "Was passiert, wenn...?" Dieses Buch versucht diese, und viele andere Fragen, die sich stellen können, zu beantworten. Ich setze in diesem Buch voraus, daß Sie als Leser gewisse Grundkenntnisse des Kajakfahrens besitzen.

Es gibt eine Vielzahl verschiedener Bootstypen, die alle als Seekajaks bezeichnet werden. Jedes Modell stellt einen Kompromiß zwischen all den verschiedenen Eigenschaften dar, die ein Seekajak besitzen sollte. Der Kajakfahrer muß also selbst entscheiden, welche Eigenschaften für seinen Zweck und seinen Könnensstand erforderlich sind. Es gibt nicht **das** Kajak für jeden! Bei der Auswahl des passenden Bootes muß man sich zunächst einmal darüber Gedanken machen, welche Art von Seekajakfahren man betreiben möchte, und was die unbedingten Erfordernisse an ein Kajak sind. Dieses Kapitel befaßt sich mit den allgemeinen Konstruktionsmerkmalen, und erörtert Möglichkeiten, wie ein Kajak seetauglich gemacht werden kann.

Die Form des Rumpfes sagt sehr viel über die Eigenschaften des Kajaks aus. Ein breiter, flacher Rumpf besitzt eine hohe Anfangsstabilität (Anfangsstabilität bezeichnet die Stabilität bei aufrechter Sitzposition, Endstabilität dagegen die Stabilität des angekanteten Bootes), ist gut manövrierfähig, und verzeiht Anfängern einige Fahrfehler. Ein ausgeprägter Kielsprung erhöht ebenfalls die Wendigkeit des Kajaks. Jedoch haben diese Kajaks oft schlechte Geradeauslaufeigenschaften, und sind in bewegter See oder bei starkem Wind schwer auf Kurs zu halten. Je stärker der

Oben: Auswahl verschiedener Seekajak-Modelle

Breitere, flachere Rumpfmodelle (links) weisen eine höhere Anfangsstabilität als schmale, rundere Rumpfformen auf.

Bugformen: Mit einem Bug, der höher im Wasser liegt, bleibt der Paddler trockener, jedoch ist die Windangriffsfläche größer.

Kielsprung, desto langsamer ist das Kajak.

Schmale, rundere Rumpfformen mit wenig oder keinem Kielsprung besitzen eine bessere Richtungsstabilität, sind schneller und erfordern beim Paddeln weniger Kraftaufwand. Ihre Anfangsstabilität ist allerdings geringer; sie sind in Normallage weniger wendig und verzeihen nicht sehr viele Fahrfehler. In der Regel lassen sie sich leicht steuern, wenn man sie auf der richtigen Seite ankantet; eine gute Endstabilität ist daher von Vorteil. Leider haben nur wenige Kajaks dieser Art eine hohe Endstabilität! Eine Möglichkeit, die Endstabilität zu erhöhen, ist den Rumpf mit einem Knickspant zu versehen. Knickspanten sind Kanten im Rumpf, ähnlich denen von Faltbooten. Sie sind an den Stellen sichtbar, an denen unter der Außenhaut die hölzernen Senten verlaufen. Wird das Kajak so angekantet, daß der Knickspant im Wasser liegt, erhält es zusätzliche Stabilität; liegt die flachere Rumpfseite oberhalb des Knicks auf dem Wasser, wird das Boot noch stabiler.

Ist es für einen Anfänger nun sinnvoller, ein Kajak zu erwerben, das unter normalen Bedingungen leicht, bei rauheren Bedingungen jedoch schwerer zu handhaben ist, oder sollte man auf ein Kajak zurückgreifen, das anfangs eine bessere Paddeltechnik erfordert, aber dafür für härtere Bedingungen besser geeignet ist? Eine Möglichkeit, die Manövrierfähigkeit eines Kajaks zu verbessern, das bei Wind und hohen Wellen schwierig zu steuern ist, ist der Einbau eines Skegs (aufholbare Finne) oder Steuers. Diese Ausstattungsteile sind bei solchen Kajaks sinnvoll, die dazu neigen, in den Wind zu drehen. Bei Kajaks, die vom Wind weg drehen, ist jedoch weder Skeg noch Steuer empfehlenswert. Glücklicherweise zeigen die meisten der stabileren Anfängerkajaks die Tendenz, gegen den Wind zu drehen. Viele Anfänger kaufen sich zunächst ein kentersicheres Kajak, und nach einiger Zeit erst wird dieses durch einen richtungsstabileren Typ ersetzt.

In Expeditionskajaks kann man Campingausrüstung und Verpflegung für längere Fahrten unterbringen, und das zusätzliche Gewicht wirkt sich nicht negativ auf die Fahreigenschaften aus. Solche Kajaks haben oft einen höheren Rumpf und eignen sich am besten für Touren, bei denen Gepäck im Boot mitgenommen wird. In leerem Zustand bieten sie dem Wind eine größere Angriffsfläche, da sie hoch aus dem Wasser ragen. Umgekehrt weisen Kajaks mit geringer Ladekapazität die besten Fahreigenschaften auf, wenn sie leer oder kaum beladen sind, und tendieren bei hoher Zuladung dazu, zu rollen.

Das Volumen des Seekajakbugs beeinflußt das Verhalten in Wellen. Ein Bug mit kleinem Volumen wird durch die Wellen pflügen und in Wellentälern tief eintauchen, während ein Bug mit größerem Volumen etwas aus dem Wasser steigt, weniger tief eintaucht, und der Paddler so trockener bleibt. Ein extrem hoher Bug kann jedoch dem Wind eine sehr große Angriffsfläche bieten.

Zweier-Seekajaks

Ein Zweier-Seekajak ist in der Regel kursstabiler als ein Einerkajak. Normalerweise ist bei windigen Bedingungen ein Steuer notwendig, da das Kajak durch die andersartige Gewichtsverteilung der Paddler (vorne und hinten) schwieriger zu steuern ist. Die beiden Paddler im Zweierkajak müssen gut zusammenarbeiten. Es wird oft zusätzlich zu Einerkajaks gekauft, und nicht so sehr als Alternative dazu.

Bei guter Ausstattung ist ein Zweier-Seekajak ausgesprochen seetüchtig. Zu zweit erreicht man eine beachtliche Reisegeschwindigkeit, und es ermöglicht einem unerfahrenen Paddler, mit einem erfahreneren oder besser trainierten Paddler Schritt zu halten. Auch kann ein Verletzter gefahrlos ans Ufer gebracht werden. Einige Eigenschaften der Zweierkajaks müssen beachtet werden:

1. Die Windanfälligkeit ist größer als bei Einerkajaks. Steht das Kajak mit der Breitseite zum Wind, muß man beim Paddeln einen flacheren Winkel zum Wind wählen, um einen ähnlichen Kurs zu fahren. Dies ist besonders auffallend, wenn man mit einem Einerkajak neben einem Zweierkajak herpaddelt.

2. Beim Einerkajak liegt das meiste Gewicht in der Mitte, und die Bootsspitzen schaukeln auf dem Wasser leicht nach oben und unten, beim Zweierkajak ist das Gewicht jeweils mehr auf die Enden verteilt, so daß es nach oben und unten schlägt, und mit jedem Aufschlagen auf dem Wasser abgebremst wird.

3. Ein beladenes Zweierkajak ist sehr schwer, und zum Herausheben und Tragen bedarf es mehrerer Personen. Es gibt für Zweierkajaks weniger geeignete Einsatz- und Anlandestellen, und diese Manöver bedürfen äußerster Vorsicht.

4. Die Führer einer Gruppe müssen entscheiden, ob es notwendig ist, ein Kajak mit einem anderen erfahrenen Paddler zu teilen, um in Notfällen gezielt Hilfe leisten zu können, oder ob sie mit einem unerfahreneren Paddler das Boot teilen wollen, um schneller als im Einerkajak voranzukommen. Bei Hochseerettungen unter schwierigen Bedingungen kann es eher hinderlich sein, mit einem Anfänger in einem Zweierkajak zu sitzen.

Zusammenfaltbare Seekajaks

Einer-Seekajaks sind in der Regel 4,6–5,5 m, Zweier-Seekajaks bis 7,6 m lang. Viele Paddler haben dadurch große Lager- und Transportprobleme. Seit einigen Jahren gibt es

Unten: Zweier-Seekajak

auf dem Markt faltbare Kajaks aus gummiertem Segeltuch. Lindemann überquerte 1956 in einem solchen Boot den Atlantik. Zusammengefaltet paßt das ganze Kajak in ein paar Kisten, der Aufbau erfolgt mit Hilfe einiger Stangen und Streben, die in die äußere Haut eingebaut werden. Mit dieser Konstruktion sollte man nur an geschützten Anlandeplätzen aussteigen, da die Haut bei rauhen Bedingungen an felsigen Küsten leicht Schaden nehmen kann.

Aufblasbare Kajaks verbinden geringes Gewicht mit erstaunlich hoher Robustheit. Sie benötigen sehr wenig Lagerfläche und haben nur geringen Tiefgang, so daß sie bei Wind schwerer zu steuern sind.

Kajaks aus glasfaserverstärkten Kunststoffen (GFK) können in zwei oder drei verschraubbare Teile zerlegt werden, und dadurch vor allem den Transport per Flugzeug sehr erleichtern. Bei diesen Kajaks gibt es kein Standardmodell, einige Hersteller fertigen sie jedoch auf Bestellung an. Ich mußte mein Seekajak vor Jahren in der Mitte durchsägen, um es in einem Flugzeug mitnehmen zu können. Vor Ort klebte ich es mit GFK-Matten und Kunstharz wieder zusammen. Solch drastische Maßnahmen sind heutzutage nicht mehr notwendig!

Steuer und Skegs

Ein Steuer oder ein Skeg kann bei Seekajaks mit schlechten Geradeauslaufeigenschaften eine wertvolle Verbesserung darstellen. Es gibt fest eingebaute Skegs, die im Heck eingelassen sind. Beim Anlanden und Einsetzen kann es leicht beschädigt werden,

Unten: Ein teilbares Zweier-Seekajak ist leichter zu transportieren.

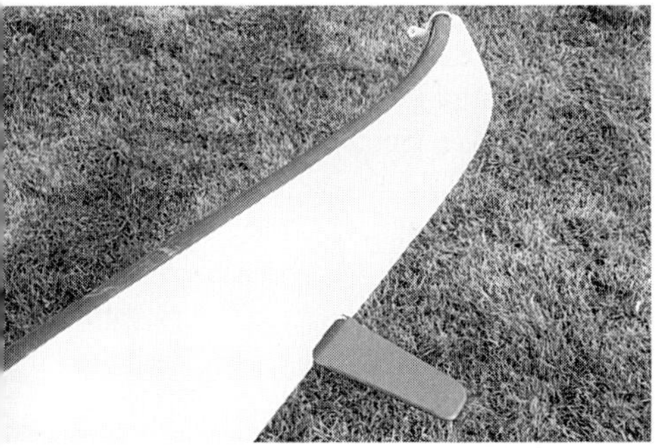

Bei ganz ausgefahrenem Skeg (links) dreht das Kajak vor den Wind. Bei halb ausgefahrenem Skeg (rechts) kann man das Kajak am Wind steuern, während es bei eingezogenem Skeg gegen den Wind dreht.

ebenso wie ein einholbares Steuer, das bei Bedarf über das Heck geklappt wird. Sehr viel besser geeignet ist ein in den Rumpf des Kajaks einziehbares Skeg. Das Skeg kann am Heck so weit vorne angebracht werden, daß es noch im Wasser liegt, wenn eine Welle das Heck aus dem Wasser gehoben hat. Von Nachteil ist der Verlust wertvollen Stauraums, außerdem erschwert der Skegkasten im Heck das Be- und Entladen. Das Skeg wird eingezogen, wenn es nicht gebraucht wird, und ausgefahren, um das Kajak auf Kurs zu halten. Dreht das Kajak bei windigen Verhältnissen in den Wind, kann man es mit halb ausgefahrenem Skeg am Wind steuern, ist das Skeg ganz ausgefahren, dreht das Kajak aus dem Wind. Die Verbesserung der Bootskontrolle hat aber auch Nachteile. Das Skeg erzeugt einen zusätzlichen Wasserwiderstand, der die Fahrt verlangsamt. Ein zu weit ausgefahrenes Skeg kann beim Surfen auf einer nachfolgenden Welle aus dem Wasser gehoben werden und so zu plötzlicher Instabilität führen. Einziehbare Skegs verklemmen hin und wieder durch kleine Kieselsteine, daher ist es wichtig, sein Kajak ohne Einsatz des Skegs manövrieren zu können, so daß man nicht in Schwierigkeiten gerät, wenn es sich einmal verklemmt hat. Beim Bedienungsmechanismus gibt es verschiedene Ausführungen; sie reichen von einer Aufholleine

Ein einholbares Steuer kann beim Einsetzen und Anlanden keinen Schaden nehmen.

mit Klampe, die bis zur Sitzluke geführt wird- (ein Gummiseil hält das Skeg nach unten) bis hin zu rostfreien Stahlseilen, die das Skeg ablassen und hochziehen. Verfügt das Kajak über ein einziehbares Skeg, sollte man wissen, wie der Mechanismus auseinander gebaut wird, und Reparaturmaterial und das notwendige Werkzeug mitnehmen, um Schäden beheben zu können. Trotz gewisser Mängel können einziehbare Skegs von großem Vorteil sein.

Steuer

Steuersysteme, die aus dem Wasser gehoben und auf das Heck hochgeschwenkt werden, sind solchen, bei denen das Steuerblatt ständig in einer ungeschützten Stellung liegt, weit überlegen. Mit Hilfe dieser Anordnung werden Schäden beim Anlanden und Einsetzen vermieden; ebenso der zusätzliche Wasserwiderstand, den das Steuerblatt verursacht. Bei Beschädigung kann das Ruderblatt aus dem Wasser geholt werden. Ich empfehle Steueranlagen, bei denen das Blatt über eine Leine, die zur Sitzluke geführt ist, hochgezogen wird, und bei dem das Blatt mit einem Gummiseil so fixiert ist, daß es bei Grundberührung nach oben ausweichen kann. Die Bedienung erfolgt über einen kurzen Steuerstab, der zwischen den Füßen angebracht ist, über ein Doppel-Pedalsystem oder über seitlich angebrachte Steuerschienen.

Auftrieb, Luken und Schotten

Seekajaks müssen über genügend abgeschottetes Volumen verfügen, um sie schnell und leicht lenzen zu können. Die gängigste Methode, um dies zu gewährleisten, ist der Einbau abgedichteter, mittels Schotten

Luken können rund (links) oder oval (mitte) sein. Das Vyneck-Seekajak (links) besitzt eine zweite, seitlich versetzte Luke im Heck, die auch auf See zugänglich ist. Bei Lukendurchmessern von bis zu 30 cm ist für den runden Vyneck-Lukenrand ein Lukendeckel aus Neopren ausreichend, größere Lukendurchmesser erfordern jedoch zusätzlich feste Deckel um ein Eindrücken zu vermeiden.

abgeteilter Kammern. Die Schotten bestehen in der Regel aus GFK oder aus Polyethylen-Schaum. Die ideale Anordnung dieser Abschottungen ist unmittelbar hinter dem Sitz und direkt vor den Fußstützen. Beim Zweierkajak müssen beide Sitzluken ebenfalls mit zwei Abschottungen ausgestattet sein. Die Kammern sind in der Regel über wasserdichte Luken an der Oberseite des Kajaks zugänglich, und bieten einen trockenen Stauraum für Ausrüstung. Eine weitere Alternative stellt eine süllrandähnliche Einfassung mit Lukendeckel dar, ein System, das ich seit 1975 mit Erfolg verwende. Damit die Luke wirklich einwandfrei abgedichtet werden kann, sollte diese rund, und nicht zu groß sein. Ein zusätzlicher fester Deckel verhindert ein Eindrücken. Bei den von mir verwendeten Lukendeckeln ist dies jedoch noch nie vorgekommen.

Es ist anzuraten, die Lukendeckel mit einem Band oder einer Schnur am Kajak zu sichern, damit sie nicht verloren gehen. Ich habe abenteuerliche Geschichten gehört, die auf den Verlust von Lukendeckeln auf See zurückzuführen waren, und die man sehr einfach hätte vermeiden können.

Pods und Kajaksocken sind zwei weitere Möglichkeiten, das abgeschottete Volumen zu erhöhen. Der Pod, eine eingeschweißte Cockpitwanne, die von Alan Byde entwikkelt wurde, ist eine sehr zweckmäßige Idee. Das Cockpit wird dabei als separate Kammer eingepaßt, so daß der Sitzbereich des Paddlers auf ein vernünftiges Minimum reduziert wird. Das Volumen des Cockpits soll so klein gehalten werden, daß das Kajak auch mit vollgelaufener Sitzluke ohne Schwierigkeiten gesteuert werden kann und die Wasserlage nur gering beeinträchtigt wird. Der Kajaksocken funktioniert nach dem gleichen Prinzip; dieses System ist jedoch nicht so verläßlich, da durch Abnutzung des Materials leicht Wasser in die Stauräume eindringen kann.

Ganz gleich welches System verwendet wird, man sollte seinen gesunden Menschenverstand einsetzen, und die leeren Stauräume immer mit Auftriebskörpern oder anderen Auftriebshilfen füllen, für den Fall, daß das Kajak oder die Luken beschädigt werden. Ein Kajak, dessen Stauräume in bewegter See voll Wasser gelaufen sind, ist sehr schwer zu bergen.

Die Pumpe

Eine Pumpe gehört heutzutage zur Standardausrüstung. Eine mobile Handpumpe, die von einem Kajak zum nächsten gereicht werden kann, ist wahrscheinlich die billigste Lösung. Zur Bedienung werden jedoch beide Hände benötigt und die Spritzdecke muß geöffnet werden, um die Sitzluke leerzupumpen. Die Bedienung einer im Deck angebrachten Pumpe hingegen, erfolgt mit nur einer Hand, mit der freien Hand kann man zur Stabilisierung ein anderes Boot oder Paddel festhalten. Deckspumpen werden am besten so auf dem Vorderdeck montiert, daß ihr Gehäuse im Boot ungefähr auf gleicher Höhe mit den Schienbeinen des Kajakfahrers liegt. In dieser Lage wird man beim Paddeln nicht behindert, Ein- und Aussteigen muß jedoch mit besonderer Sorgfalt erfolgen. Ein abnehmbarer Pumpenschwengel wird am Deck mit einer Schnur festgebunden.

Manche Kajakfahrer bevorzugen eine Fußpumpe, da man während des Pumpvorgangs weiterpaddeln kann. Fußpumpen werden auf die Fußstützen aufmontiert. Das effektivste System ist jenes, bei dem die Pumpe in eine Fußstützenplatte integriert ist. Die Fußstütze wird auf die Beinlänge eingestellt und die Pumpe eingeschoben. Auf ähnliche Art und Weise können Pumpen an festen Abschottungen individuell angebracht werden, obwohl in diesem Fall die Wartung sehr viel schwieriger ist. Weniger leistungsfähige Pumpen, wie z.B. die hervorragende Lendal-Fußpumpe werden hauptsächlich dazu eingesetzt, das Kajak während des Paddelns trocken zu halten, während die leistungsfähigeren Modelle zum Auspumpen größerer Wassermengen z.B. nach einer Kenterung besser geeignet sind.

Elektrische Pumpen arbeiten hervorragend – wenn sie funktionieren. Sie sind oft nicht so zuverlässig wie manuelle Pumpen. Beide Hände sind während des Pumpvorgangs frei. Sie können so eingestellt werden, daß sie automatisch zu arbeiten beginnen, sobald ein gewisser Wasserpegel erreicht ist.

Früher waren die Pumpen direkt hinter dem Süllrand seitlich angebracht. Obwohl für andere Paddler leicht zugänglich, sind sie vom eigenen Boot aus schwer zu bedienen. Durch ihre Position wandert das Heckschott sehr weit nach hinten, das Cockpitvolumen wird vergrößert und Rettungsaktionen werden dadurch erheblich erschwert.

Eine tragbare Handpumpe ist wohl die billigste, doch nicht die bequemste Lösung

Eine Fußpumpe (links) und eine von Hand bedienbare Pumpe, die auf dem Vorderdeck angebracht wird.

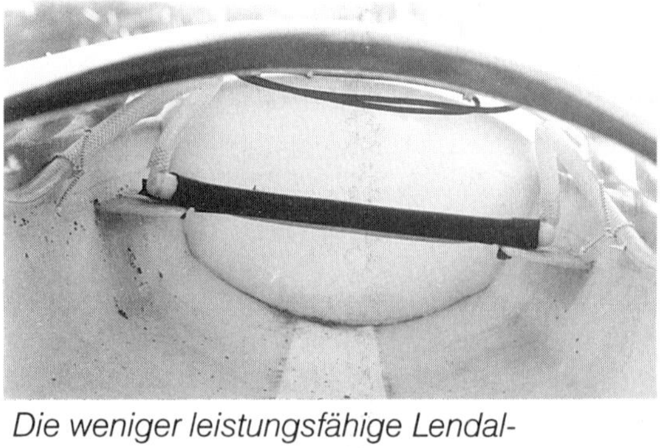

Die weniger leistungsfähige Lendal-Fußpumpe ist dazu geeignet, das Kajak während des Paddelns trocken zu halten.

Decksleinen

Mit Hilfe der mehrfach befestigten Rundumleinen sind die Kajaks sowohl im Wasser als auch an Land, besonders bei schwierigen Anlande- oder Startmanövern leichter zu handhaben. Die Leinen sollten locker genug sein, um mit der Hand darunter zu kommen, und doch straff genug, um das Boot sofort unter Kontrolle zu haben. Sie sollten in regelmäßigen Abständen fiixiert sein, so daß die Leine an keiner Stelle durchhängt. Die Befestigungspunkte sollten dem Gewicht eines beladenen Kajaks, das einen felsigen Strand hochgezogen wird, standhalten.

Trageknebel an Bug und Heck können bei Kenterungen und als Tragegriffe eine große Hilfe sein. Beim Paddeln schlagen sie oft gegen das Boot; um Abhilfe zu schaffen,

Oben: Eine auf dem Vordeck montierte Pumpe wird verwendet, um ein Kajak nach einer Kenterung leerzupumpen.

werden sie am Deck mit einem Stück Gummiseil befestigt. Um Gegenstände, wie zum Beispiel Ersatzpaddel, einen Behälter für Notausrüstung, Kompaß und Seekarte am Deck zu befestigen, verwendet man oft Haltegummis. Man sollte jedoch beachten, daß solche Bänder in Surfwellen oder in ‚Overfalls' (Strömungskabbel – teilweise sehr hohe stehende Walzen oder Wellen, die sich vor Felsen oder Felsbänken durch die Strömung des Wassers bilden) dem Wasserdruck nicht immer gewachsen sind, und viele Seekartenstücke und Ersatzpaddel auf diese Weise ein nasses Grab gefunden haben!

Halteleinen und Gummibänder haben nur eine begrenzte Lebensdauer. Sie sollten auf Verschleißerscheinungen hin überprüft und regelmäßig erneuert werden.

Der Kompaß

Für den Seekajakfahrer ist der Kompaß ein wesentlicher Bestandteil der Ausrüstung. Sein einfachster Gebrauch ist der als Richtungsanzeiger bei Nebel; mit Hilfe des Kompasses gelangt er in Sicherheit, natürlich vorausgesetzt er weiß, in welcher Richtung das Land liegt. Die anspruchsvollste Aufgabe, die man mit einem Kompaß lösen kann, ist die Orientierung auf offenem Wasser bei veränderlicher Sicht, um weiter entfernte Inseln zu erreichen. Für den Notfall reicht ein einfacher Orientierungskompaß vollkommen aus. Es sollte immer ein Flüssigkeitskompaß verwendet werden, da ein normaler CO_2 -gefüllter Kompaß durch eindringendes Wasser leicht korrodiert und

Ein Kompaß auf dem vorderen Lukendeckel ist leicht ablesbar, ohne den Horizont dabei aus dem Blickfeld zu verlieren.

unbrauchbar wird. Bei häufigem Gebrauch ist ein größeres Modell zu empfehlen, das auf dem Vorderdeck weiter vom Paddler entfernt angebracht wird. Obwohl kurze Distanzen mit einem auf Oberschenkelhöhe montierten Orientierungskompaß zurückgelegt werden können, ist es bei langen Strecken anstrengend, ihn in dieser Position ständig zu beobachten. Man kann dabei leicht seekrank werden. Ein Kompaß, den man nicht von oben, sondern von der Seite liest, eignet sich am besten. Bringt man ihn in einiger Entfernung vom Cockpit an, braucht man seine Augen nicht vom Horizont abzuwenden, um ihn ablesen zu können. Eine gute Anbringungsmöglichkeit bietet der vordere Lukendeckel. Der Kompaß kann leicht wieder abgenommen und geschützt verstaut werden, wenn er nicht gebraucht wird. Man sollte beachten, daß bei einem Kompaß durch Gegenstände aus Metall wie zum Beispiel Besteck, Radios und Taschenlampen starke Ablenkungen auftreten können. Verstauen Sie solche Dinge und auch Dosen möglichst weit entfernt vom Kompaß.

Individuelle Ausstattung

Die Ausstattung seines Seekajaks seinen persönlichen Bedürfnissen anzupassen ist eine Mühe, die sich lohnt. Beginnen wir bei der Sitzluke. Das Kajak wird zunächst ausprobiert, um zu sehen, wie bequem es ist. Nach einigen Stütz- und Fangschlägen und

Die Mühe, einen stützenden Rückengurt einzubauen, lohnt sich.

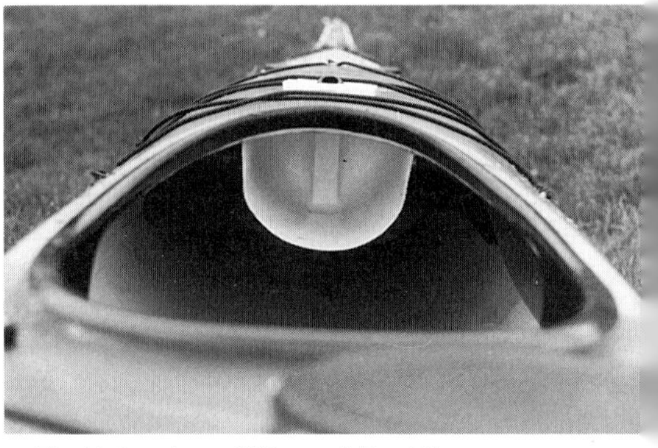

Ein Knierohr erfüllt zwei Funktionen: es erlaubt ein bessere Kontrolle mit den Beinen und bietet leicht zugänglichen Stauraum

einer oder zwei Eskimorollen bekommt man schnell ein Gefühl dafür, wie gut man im Kajak sitzt. Falls notwendig, werden die Seiten des Sitzes ausgepolstert, um zu vermeiden, daß man zu sehr im Sitz herumrutscht, wenn das Kajak zur Seite kippt. Rutscht man zu weit zur Seite, wenn das Kajak aus der Balance gerät, so polstert man den Sitz entsprechend aus. Hat man nicht genügend Bootskontakt mit den Knien, könnte der Einbau eines Knierohres, ein Rohr oder Halbrohr, das an der Unterseite des Decks angebracht wird, das Problem lösen. Das Kajak kann mit den Beinen besser gesteuert werden und man gewinnt wertvollen Stauraum, der durch Öffnen der Spritzdecke direkt zugänglich ist. Knierohre können das Ein- und Aussteigen etwas erschweren. Bequemer wird es, wenn man die Rohraußenseite abpolstert. Knierohre können auch nur als Stauraum ausgelegt sein; in diesem Fall werden sie so angebracht, daß der Paddler seine Knie ohne Probleme zusammenbringen kann.

Nun zum Rücken. Vorteilhaft ist ein Bekkengurt, der den unteren Rückenbereich stützt, aber die Bewegungsfreiheit nicht einengt. Vorsicht! Ein Beckengurt, der auch nur ein wenig zu eng ist, d.h. bei dem der Abstand zwischen Fußstütze und Gurt zu kurz ist, kann sehr unbequem werden. Eine Möglichkeit, einen Rückengurt anzubringen ist , ihn an den beiden Seitenwangen des Sitzes zu befestigen, und einen zusätzlichen Riemen von innen am Oberdeck direkt hinter dem Sitz zu fixieren, um zu vermeiden, daß der Gurt nach unten rutscht. Eine weitere Alternative ist die Verwendung von geschlossenporig geschäumtem Kunststoff. Ein Block aus diesem Material wird dabei vor das hintere Schott eingepaßt; so wird gleichzeitig auch das Volumen des Cockpits verkleinert.

An Fußstützen lassen sich oft noch Verbesserungen vornehmen. Prallplatten oder Schotten als Fußstützen sind zweifellos die komfortabelste Lösung, da sie während des Paddelns die größtmögliche Fußfreiheit bieten. Als Kälteschutz und für mehr Komfort kann man sie mit geschäumtem Kunststoff bekleben.Ein richtig positioniertes Schott maximiert den Stauraum und bietet eine sichere Fußstütze. Beim Einbau eines solchen Schotts sollte immer ein kleiner Spielraum gelassen werden, der dann mit mehreren Lagen bis auf die richtige Größe ausgekleidet wird. Das Vynek-Kajak, das ich 1977 bei meiner Island-Umrundung benutzte, hatte ein perfekt als Fußstütze eingebautes Schott. Als ich das gleiche Kajak im darauffolgenden Jahr auf einer Expedition nach Neufundland wieder einsetzte, trug ich andere Schuhe, und mußte große Qualen erleiden. Ich war schließlich gezwungen, meine Schuhe beim Paddeln auszuziehen, nur weil ihre Sohlen ein wenig dicker waren. Es ist einfacher die Auskleidung zu entfernen oder zu verstärken, als ein Schott zu versetzen.

Die Paddelsicherungsleine

Eine Paddelsicherungsleine ist eine Vorrichtung, mit der man ein Paddel sichert, wenn es nicht mit der Hand festgehalten werden kann. Dies kann bei Rettungsaktionen oder anderen Aktivitäten, bei denen beide Hände benötigt werden, nützlich sein. Am einfachsten ist es, ein kurzes Stück starkes Gummiseil, das mit einem Ende auf dem Deck neben der Sitzluke oder an der Schwimmweste befestigt wird, zu verwenden. Am anderen Ende wird ein kleiner Clip eingebunden. Die Gummischnur wird um den Paddelschaft geschlungen, und der Clip wieder an ihr eingehängt. Die Schlinge hält das Paddel so lange es nicht gebraucht wird, fest. Eine relativ kurze Leine reicht, um gleich weiterzupaddeln zu können, ohne die Paddelsicherungsleine zu lösen. Beide

Befestigungspunkte müssen im Notfall schnell lösbar sein!

Farbe

Die Farbe des Seekajaks bleibt dem persönlichen Geschmack überlassen. Einige Farben sind im Meer jedoch besser sichtbar als andere. Nach der allgemeingültigen Lehrmeinung sollte ein Kajak aus Sicherheitsgründen auf See leicht auszumachen sein. Die Farben aus dem Rot-Gelb-Spektrum sind am besten sichtbar, schwarz und weiß heben sich ebenfalls erstaunlich gut ab. Schwarz ist im Gegenlicht gut sichtbar, weiß bei schlechten Lichtverhältnissen, und wenn das Licht senkrecht von oben darauffällt. Kajaks ohne spezielle Lackierung oder Einfärbung, ebenso die Farben grün und dunkelblau heben sich sehr schlecht ab. Ich habe einen Freund in Dänemark, der ein dunkelgrünes Kajak benutzt, um bei der Vogelbeobachtung nicht entdeckt zu werden... nicht wegen der Vögel, denen ein bißchen Farbe nichts auszumachen scheint, sondern wegen der Menschen, die seine Absichten mißverstehen könnten. Es sind übrigens die Paddelblätter, die einem durch ihr Aufblinken bei der Paddelbewegung als erstes ins Auge fallen. Weiß ist hier wiederum besonders gut sichtbar, außer in der Brandung!

Gewicht und Robustheit

Die Frage des Gewichtes muß individuell beantwortet werden. Die Einführung von Diolen, Kevlar, Kohlefaser und Coremat als Verstärkungs- und Versteifungsmaterialien hatte zur Folge, daß Seekajaks für einen höheren Preis sehr leicht, robust und steif gebaut werden können. Im übrigen ist ein leichtes Kajak nicht so stabil wie ein schwereres Kajak aus dem gleichen Material. Man sollte sich also vor dem Kauf überlegen, welchen Beanspruchungen das Kajak gewachsen sein muß.

Für Solotouren ist ein leichtes Kajak unabdingbar und der Paddler muß sorgfältig damit umgehen.

Für Expeditionsfahrten ist die Handhabung des Kajaks ein sehr wichtiger Gesichtspunkt. Sie wird durch ein größeres Maß an Freibord, gewonnen durch Gewichtseinsparungen am Kajak, deutlich erleichtert. Eine Gewichtsersparnis von 13,5 kg erlaubt die Mitnahme von 13,5 kg mehr Gepäck ohne zusätzliche Freibordverluste.

Einer-Seekajaks sollten meiner Meinung nach nicht mehr als 28–30 kg maximales Leergewicht aufweisen, da man auch in der Lage sein muß, sie allein zu tragen.

Zweierkajaks

Aus Sicherheitsgründen sollten Zweierkajaks mit mindestens einer Abschottung zwischen den beiden Paddlern, zusätzlich zu den Schotten in Bug und Heck, ausgestattet sein. Durch den Einbau von zwei oder mehr Mittelschotten entsteht in dem Bereich, in dem das Kajak ein sehr großes Volumen aufweist eine Auftriebs- oder Gepäckkammer. Dadurch werden Rettungen erheblich vereinfacht. Jedes Cockpit sollte mit einer eigenen Pumpe ausgestattet sein. Ist das Steuer bereits eingebaut, so fällt seine Bedienung in der Regel dem hinteren Kajakfahrer zu, obwohl die Kabel leicht bis zum Bug durchgezogen werden könnten. Wird das Steuer nachträglich eingebaut, muß darauf geachtet werden, daß die Person, die das Steuer bedient, auch den Kompaß im Blickfeld hat.

Schwimmhilfe oder Rettungsweste

Eine Schwimmweste ist ein unerläßliches Ausrüstungsstück. Die verbreitetste Form ist die vorne schließbare Ausführung. Man kann sie leichter ablegen als eine Weste, die man über den Kopf anzieht. Dadurch läßt sich auch die darunter befindliche Kleidung auf dem Meer wieder besser zurechtrücken. In der Regel sorgt geschlossenporiger Schaumstoff für den Auftrieb, obwohl auch Luftsäcke hin und wieder verwendet werden. Der Auftrieb sollte mindestens 6 kg (59 N) betragen.

Die Alternative ist eine Rettungsweste mit einem Auftrieb von normalerweise mindestens 6 kg, verteilt auf Brust- und Nackenbereich und einer Gesamtkapazität von 16 kg, die entweder aus einer CO_2-Patrone oder mit dem Mund aufgeblasen wird. Diese Weste hat den Vorteil, daß bei Bewußtlosigkeit der Kopf des Schwimmers über der Wasseroberfläche gehalten wird. Für längere Passagen über offenes Meer sollte eine Rettungsweste getragen werden. Einige Paddler tragen eine Rettungsweste ohne Festauftrieb über ihrer normalen Schwimmweste. Sie kann bei Bedarf aufgeblasen werden, und der Paddler muß so nie auf den Schutz und Komfort seiner Schwimmweste verzichten.

Nahezu unentbehrlich sind Taschen an der Schwimmweste, um darin nützliche Dinge, wie z.B. einen kleinen Kompaß, Leuchtkugeln, Klebeband für Notreparaturen, einige Pflaster für wunde Daumen und ein oder zwei Tafeln Schokolade unterzubringen. Sie sind sehr selten vollkommen wasserdicht, so daß Taschen, aus denen das Wasser leicht ablaufen kann, eine gute Alternative darstellen. Verfügt die Schwimmweste außerdem über ein integriertes Bergesystem und eine herausnehmbare Kapuze, so sind diese Dinge immer griffbereit, ganz gleich, welche Kleidung man gerade trägt.

Paddel

Es gibt verschiedene Lehrmeinungen, welcher Paddeltyp sich für das Seekajakfahren am besten eignet.

Bei den meisten größeren englischen Expeditionen werden Paddel mit asymmetrischen, gedrehten Blättern verwendet. Sie tauchen sauber ein, haben einen flatterfreien Durchzug, und ermöglichen vom Beginn des Ziehens bis zum Ausheben eine gute Kraftübertragung. Die Paddelfrequenz hängt von der Länge des Schafts ab. Mit einem kürzeren Schaft erreicht man hohe, mit einem längeren Schaft nur niedrigere Frequenzen. Viele Hersteller bieten schmälere asymmetrische Blätter für längere Schäfte an, da die breiten schwieriger in der Handhabung sind. Lange Paddel bieten einen größeren Hebel, dadurch werden Wenden erleichtert. Die Geradeausfahrt wird wiederum schwieriger, da man das Blatt nicht parallel zum Kajak durch das Wasser führen kann. Breite Kajaks erfordern etwas längere Paddel als schmale Kajaks.

Kürzere Paddel beanspruchen Muskeln und Sehnen nicht so stark. Man kann mit ihnen schneller beschleunigen, dafür müssen höhere Frequenzen gepaddelt werden. Ein breites asymmetrisches Paddel mit einer Gesamtlänge von 216 cm eignet sich für nahezu alle Seekajaktouren, die ich unternehme. Ich finde es sehr anstrengend, bei beladenem Seekajak ein langes Paddel zu verwenden. Es ist schwer das Boot schnell genug zu beschleunigen, um in nachlaufende Wellen zu kommen. Mit kürzeren Paddeln erreiche ich bei unbeladenen Kajaks sehr hohe Paddelfrequenzen. Die Verwendung eines Paddels mit einer Länge von 216 cm stellt für mich sogar bei Winden mit Sturmstärke kein Problem dar. Ich bin 183 cm groß, und meine Paddel reichen mir stehend, mit nach oben gestrecktem Arm, bis an das Handgelenk.

Die Blätter asymmetrischer Paddel werden in der Regel um 65–85° gedreht, da eine Drehung von weniger als 90° die Gelenke weniger beansprucht. Doppelt gekröpfte oder Ergonomschäfte ermöglichen ebenfalls eine bequemere Handhaltung. Die zum Kajakfahren benötigten Muskeln werden effektiver eingesetzt und wahrscheinlich werden auch Überbelastungen der Handgelenke verhindert. Sie werden sicherlich in Zukunft beim Seekajakfahren häufige Verwendung finden.

Einige Idealisten befürworten die Verwendung traditioneller Inuit-Paddel mit schmalen Blättern. Sie behaupten, daß mit dem langen schmalen Blatt unterschiedliche Frequenzen gefahren werden können, je nachdem, wie weit das Blatt bei jedem Paddelschlag ins Wasser getaucht wird. Zum Beschleunigen des Kajaks sind sie eindeutig nicht besonders geeignet; dies wird jedoch für Seekajaks als unwichtig erachtet. Die beiden wichtigsten Typen mit schmalen Blättern sind ein kurzes Paddel mit einer Länge von ca. 160–165 cm, und ein längeres mit ca. 230 cm. Die Blätter sind ca. 78 cm lang und 10 cm breit. Früher wurde das kurze Paddel bei starkem Wind verwendet, da es dem Wind weniger Widerstand bietet als das längere. Die Hände wandern zum Paddeln jeweils an das Ende des Schaftes, so daß eine normale Frequenz aufrechterhalten werden kann. Beim längeren Typ wäre eine Drehung der Blätter möglich, beim kurzen Typ sind sie nicht gedreht. Die Blätter sind ungedreht und flach, wodurch der Paddelzug weniger effektiv ist. Dieser Paddeltyp eignet sich eher für niedrige Frequenzen.

Wingpaddel, die für den Kajakrennsport entwickelt worden sind, haben sich übrigens bei Langstreckenfahrten auf glatter See bewährt.

Teilbare Ersatzpaddel, die mitgeführt werden, sollten sowohl in der Art als auch in der Länge weitgehend dem normalerweise verwendeten Typ entsprechen. Auf Expeditionen, bei denen die Ausrüstung verschickt werden muß, sollte man erwägen, nur teilbare Paddel mitzunehmen, da diese im Kajak verstaut werden können und dort besser geschützt sind.

Ein Ergonomschaft mit asymmetrischen Blättern verbindet komfortable Handstellung mit Effektivität beim Paddeln.

Flattern des Paddels

Ein Paddel, das beim Durchzug flattert, ist sehr unangenehm. Es handelt sich hierbei um eine Bewegung von einer Seite zur anderen, die der von fallenden Blättern ähnelt. Man greift den Schaft automatisch fester und belastet die Handgelenke stärker. Durch eine Rippe in der Mitte des Blattes wird dieses Problem, das am stärksten auftritt, wenn das Paddel schnell durch das Wasser gezogen wird, behoben. Je länger das Paddel ist, desto leichter flattert es. Ein weicheres Blatt wird bereits bei weniger Krafteinwirkung flattern als ein steiferes. Paddel, deren Blätter mit Carbonfasergewebe verstärkt sind und einen relativ kurzen Schaft aufweisen, flattern selbst bei schneller Beschleunigung kaum.

Während man bei den Blättern darauf achtet, daß sie steif sind, überträgt ein zu steifer Schaft besonders in Verbindung mit breiten Blättern Erschütterungen sehr viel stärker auf

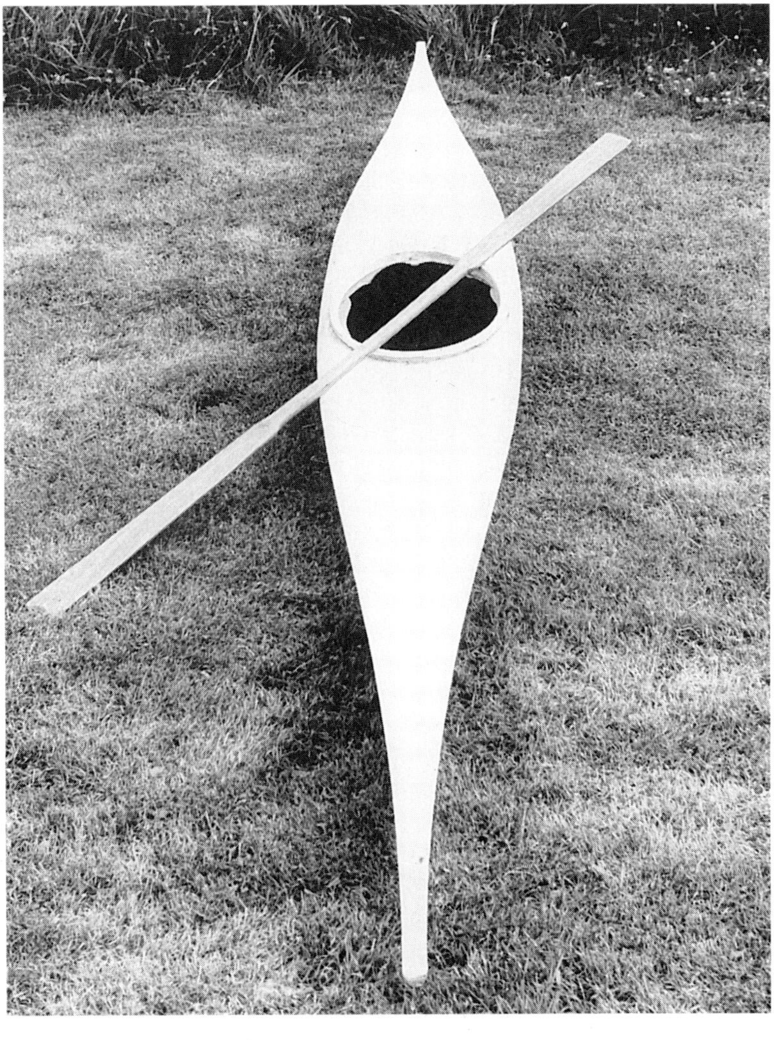

Nachbau eines ostgrönländischen Kajaks und Paddels.

Jede Gruppe von Seekajakfahrern sollte mindestens ein Ersatzpaddel mitnehmen. Es ist ein wichtiger Teil der Ausrüstung und kann auf dem Hinterdeck befestigt werden.

die Hände, was dann zu Schmerzen führen kann. Mit einem flexibleren Schaft, der ein wenig nachgibt, paddelt es sich angenehmer.

Bekleidung

Seekajakfahren bei kaltem Wetter erfordert spezielle Bekleidung. Empfehlenswert sind Neoprenanzug, Pullover, wasserdichte Windjacke und Neoprenschuhe. Als Alternative kann man auch ein Oberteil und eine Hose aus Fleece oder Wolle unter winddichte Latzhose und Jacke ziehen, dazu Segelstiefel aus Gummi. Eine weitere Möglichkeit ist ein ein- oder zweiteiliger Trockenanzug mit Latexmanschetten an den Hand- und Fußgelenken und am Hals. Damit erhält man den besten Schutz gegen Wassereintritt. Eine Wollmütze und winddichte Paddelstulpen (Stulpenhandschuhe, die eine Durchführung für den Paddelschaft aufweisen) vervollständigen den Schutz des Paddlers zusammen mit Schwimmweste und Spritzdecke.

Ein nützliches Ersatzkleidungsstück ist ein Kapuzenanorak, der groß genug ist, um ihn als zusätzliche Schicht über die Schwimmweste zu ziehen. Taschen an Anoraks und Schwimmwesten eignen sich hervorragend, um darin Dinge aufzubewahren, die schnell zur Hand sein sollen.

Bei heißem Wetter bieten ein leichtes langärmliges Baumwollhemd und eine Schirmmütze Schutz gegen Sonnenbrand, eine Sonnenbrille schützt die Augen vor dem grellen Licht.

Spritzdecken

Es gibt Spritzdecken aus Neopren, Avilastik oder wasserundurchlässigem Nylon. Sie sollten in einwandfreiem Zustand sein. Ist die Spritzdecke undicht, füllt sich das Cockpit erstaunlich schnell mit Wasser. Der Kamin sollte eng an der Taille anliegen oder mit Schulterträgern gehalten werden. Der Spritzdeckenteller sollte gespannt sein, um zu verhindern, daß sich Wasser auf der Spritzdecke sammelt. Es ist sehr wichtig, daß die Spritzdecke nicht unter dem Wasserdruck der Wellen aufgeht. Auf längeren Touren sollte man eine Ersatzspritzdecke mitnehmen.

Pflege der Ausrüstung

Die beim Seepaddeln getragene Kleidung sollte nach Möglichkeit mit Leitungswasser ausgespült werden, da das Salz zwischen den Fasern des Stoffes auskristallisiert, die Fasern angreift und damit den Verschleiß

Dieser ‚gut gekleidete' Seekajakfahrer trägt hochgeschnittene Überhosen, eine Paddeljacke und eine Doppelkamin-Spritzdecke. Seine Schwimmweste hat eine herausnehmbare Kapuze, aufgesetzte Taschen mit Wasserablauflöchern und Reflektorband für gute Sichtbarkeit bei Nacht.

Bei rauhen Bedingungen sollte ein Schutzhelm getragen werden.

Paddelpfötchen – winddichte Stulpenhandschuhe – schützen die Hände und beeinträchtigen den Griff nicht; das Paddel wird mit der bloßen Hand gefaßt.

Pflege der Ausrüstung

Die beim Seepaddeln getragene Kleidung sollte nach Möglichkeit mit Leitungswasser ausgespült werden, da das Salz zwischen den Fasern des Stoffes auskristallisiert, die Fasern angreift und damit den Verschleiß beschleunigt. Auf Touren, auf denen dazu kein Süßwasser zur Verfügung steht, und sich in der Ausrüstung immer mehr Salzkristalle ansammeln, sollte man diese in Salzwasser ausspülen, und somit die Kristalle herauswaschen.

Photo: James Venimore

Ein strahlender Morgen nach einer Nacht in unserer „privaten" Bucht, Türkei.

Ein gut vorbereiteter Seekajakfahrer führt die nötige Ausrüstung im Boot mit, so daß er mit den meisten Situationen zurechtkommt, ohne Fremdhilfe in Anspruch nehmen zu müssen. Als Entscheidungshilfe für die Auswahl der notwendigen Ausrüstungsgegenstände betrachten wir im Folgenden eine Reihe von Situationen, die auf dem Meer auftreten können und die gemeistert werden müssen.

1. Das Kajak eines der Gruppenmitglieder ist beschädigt, der Paddler bemerkt das Leck jedoch erst, als sich die Gruppe in einem Bereich befindet, in dem ein Anlanden unmöglich ist.

Selbst durch ein kleines Leck wird das Wasser schneller eindringen, als es wieder herausgepumpt werden kann. Flickzeug für Reparaturen am nassen Boot muß für solche Fälle schnell zur Hand sein. Wasserundurchlässiges Gewebeband ebenso wie Mastixband, das von Wasserinstallateuren verwendet wird, kleben auch auf feuchten Oberflächen. Größere Löcher werden mit dicken Polyethylenflicken überklebt. Ein umfassenderes Reparaturset mit Nadel und Faden, Stoffgewebe und Klebstoff zum Reparieren von Kleidungsstücken, sowie ein Set für Reparaturen in trockenem Zustand an Rumpf oder Paddel sollte im Kajak mitgeführt werden.

Die Verwendung von Mastixband bereitet oft Probleme. Ich schneide Stücke von der Rolle ab, entferne die Schutzfolie und klebe sie auf ein dickes Stück gebrauchsfertiges Polyethylen. Die Flicken werden in Polyethylen-Tüten verpackt, zusammen mit weiteren Polyethylen-Tüten, die ich beim Aufbringen der Flicken zum Schutz über die Hände ziehe. Andernfalls habe ich noch tagelang Mastixkleber an meinem Paddel! Dieses Grundreparaturset steckt immer in der Tasche meiner Schwimmweste.

2. Ein Mitglied der Gruppe hat nicht genügend Kraftreserven, um bis ans Ufer zu paddeln oder wird krank oder verletzt sich während der Tour und kann nicht weiterpaddeln.

Jeder Seekajakfahrer sollte eine Abschleppleine in seinem Boot griffbereit haben. Sie wird mit Hilfe einer Schnellauslösung am Hinterdeck befestigt oder mit einem Gurt, der mit einer Schnellauslösung versehen ist, um die Taille gelegt. Das System sollte über einen Klettverschluß oder eine Klemmschnalle verfügen. Als Leine eignet sich eine 6 mm dicke Reepschnur. Das Bergesystem sollte unsinkbar sein. Der Karabiner, mit dem man das Seil am anderen Boot befestigt sollte relativ groß sein, um die Handhabung zu erleichtern. Ist er groß genug, daß man ihn auch mit Fäustlingen an den Händen einhängen kann, so kann man ihn auch noch mit klammen Händen bedienen. Die Leine sollte so lang sein, daß die beiden Kajaks eine Bootslänge voneinander entfernt sind. Bei nachfolgenden Wellen sind längere Abschleppleinen unbedingt notwendig, ansonsten würde das hintere Kajak, das abgeschleppt wird, bei jeder Welle mitgenommen werden und das vordere Kajak einholen. Um ein längeres Seilstück zu erhalten, verbindet man mehrere Abschleppleinen miteinander. Der Angriffspunkt der Kraft beim Abschleppen muß in der Nähe der Sitzluke des schleppenden Kajaks liegen. Das Seil sollte nicht an der hinteren Trageschlaufe des schleppenden Kajaks befestigt werden, da dies das Steuern erheblich erschweren kann.

Es muß darauf geachtet werden, daß sich die Leine nicht an einem auf dem Hinterdeck befestigten Gepäckstück oder an den Lukendeckeln verfängt, da diese beim Abschleppen aufgezogen werden können. Ein elastisches Zwischenstück, bestehend aus der Abschleppleine, die um ein Gummiseil herumgewickelt ist, dämpft die ruckartigen

Zugbelastungen beim Abschleppen gut ab. Die Leine darf keine Unterbrechungen aufweisen, und muß so ausgelegt sein, daß der Gummiseil-Einsatz nicht überdehnt wird.

3. Ein Mitglied der Gruppe benötigt Erste Hilfe.

Eine Erste-Hilfe-Grundausstattung bestehend aus Pflastern, elastischem Tape für wunde Daumen zur Vorbeugung gegen Blasen und Tabletten gegen Seekrankheit kann in einer leicht zugänglichen Tasche mitgeführt werden. Ein umfangreicheres Erste-Hilfe-Set wird am besten im Kajak gut erreichbar verstaut.

Grundlegende Erste-Hilfe-Ausrüstung

Rettungsdecke
Dreieckstuch
Wundschnellverband für Brandwunden
elastische Binde
Pflaster
Klebeband
Schere
Pinzette
Kopfschmerztabletten
Papier und Bleistift
Streichhölzer oder Feuerzeug
kleine Zange (zum Abschneiden und Entfernen von Angelhaken)
Augenbad
Vaseline (um ein zu starkes Austrocknen der Haut zu verhindern)
Sea-Band (Akkupressurband) gegen Seekrankheit
sterile Klammerpflaster (für offene Wunden)
Desinfektionsmittel

4. Ein Paddler wird von der Gruppe getrennt.

Jeder Kajakfahrer sollte eine Signalpfeife, einen Kompaß und eine wasserdicht verpackte Seekarte dabeihaben und im Umgang damit vertraut sein.

5. Bei einem Mitglied der Gruppe zeigen sich erste Anzeichen von Unterkühlung

Warme Ersatzkleidung, ein Rettungssack, ein heißes Getränk und eine Notration sollten im Kajak so verstaut sein, daß man sie leicht erreichen kann. Sieht man das Problem rechtzeitig vorher, ist es natürlich einfacher, es zu verhindern, als im nachhinein darauf zu reagieren.

6. In der Gruppe gibt es einen Notfall, der Hilfe von außen erforderlich macht.

Ein Paddler versucht mit einem Funkgerät, einer Seenotrakete, oder einem anderen international anerkannten Seenotsignal, wie zum Beispiel dem Heben und Senken beider Arme, die Aufmerksamkeit auf sich zu lenken. Es gibt keine Garantie, daß sofort Hilfe eintrifft. Es kann sein, daß das Signal von niemandem bemerkt wird oder daß die Helfer die Gruppe erst nach einiger Zeit erreichen. Man sollte umsichtig und überlegt handeln und nicht bis an die Grenzen des eigenen Könnens gehen, wenn ein Mißlingen der Rettungsaktion Hilfe von außen notwendig machen würde. Ein Paddler, der im Wasser ist und in absehbarer Zeit nicht geborgen werden kann, sollte aufgrund der hohen Wärmeverluste im Wasser in einen Biwaksack kriechen. Ein aufgeblasener Biwaksack erhöht die Sichtbarkeit im Wasser. Ein Seekajak ist sehr viel weiter zu sehen als ein Schwimmer, daher sollte er sich mit der Abschleppleine am Kajak einhängen, um zu vermeiden, von ihm getrennt zu werden. Von den Seenotraketen sollte mindestens eine aufgehoben werden, um sie abzuschießen, wenn Retter bereits in der Nähe sind. Die Signalkugeln müssen so trokken wie nur möglich verstaut werden, mindestens eine sollte man am Körper tragen. Fallschirmleuchtkugeln, die aus einer Höhe von ca. 330 m nach unten schweben, sind besonders für Seekajaktouren auf offener See (in mehr als 13 km Entfernung zur Küste)

Links: Ein gut ausgerüsteter Seekajakfahrer versucht fast alle auftretenden Probleme alleine zu lösen und nicht auf Hilfe von außen zurückzugreifen.

Unten: Ein Rettungssack verringert die Wärmeverluste im Wasser.

und in der Nähe von Steilküsten, die nicht höher als 330 m sind, zu empfehlen. Orangefarbene Rauchnotsignale und kleine Leuchtkugeln können bei geringeren Distanzen ebenfalls ausreichen und eignen sich hervorragend als Sichtzeichen, wenn Retter bereits in der Nähe sind. Nachts benutzt man zu diesem Zweck Leuchtsignale mit rotem Lichtpunkt, die in der Hand gehalten werden. Ganz gleich, welche Seenotsignalmittel mitgeführt werden – man sollte genau wissen, wo sie verstaut sind und wie man sie bedient. Sie sollten greifbar, aber sicher untergebracht sein. Kapitel 6 erklärt einige Selbstrettungstechniken, die sehr nützlich sein können.

Um nach einer Kenterung die Aufmerksamkeit auf sich zu lenken, verwendet man einen Rettungssack. Zum Aufblasen genügt bereits die schwächste Brise. Der Rettungssack wird am Hals zusammengezogen, und macht den Schwimmer weithin sichtbar.

Grundlegende Ausrüstung

Seekarte und Kompaß
Reparaturset
Erste-Hilfe-Set
Signalpfeife
Leuchtkugeln/Seenotsignale
Abschleppleine
Ersatzkleidung
Notration und heißes Getränk
Rettungssack
Ersatzpaddel

7. Ein Mitglied der Gruppe beschädigt oder verliert sein Paddel.

Jede Gruppe sollte *mindestens* ein Reservepaddel dabeihaben. Es werden teilbare Paddel verwendet. Alle Teile müssen schwimmfähig sein. Ich habe schon einige Ersatzpaddel mit Hohlschäften untergehen sehen. Mein eigenes Ersatzpaddel habe ich erst sehr selten benutzen müssen; auf einer Tour allerdings brachen zwei Paddel innerhalb einer halben Stunde.

Boot, Zelt und Lagerfeuer – ein großer Traum der Bootfahrer wurde Wirklichkeit, Türkei.

Oft ist das Starten und Anlanden vollkommen problemlos möglich, manchmal jedoch ist es der schwierigste und gefährlichste Teil einer Tour. Die Einbootstelle muß sorgfältig ausgewählt werden. Man versucht einen niedrigen Felsen zu finden, neben dem man das Kajak wassern kann und steigt ein, ohne die Füße naß zu machen. An flachen Stränden sind auch Robbenstarts (Engl: seal launch) in ruhiges Wasser möglich. Bei stürmischer See und steil abfallenden Stränden oder Felsen ist besondere Vorsicht geboten.

Starten durch die Brandung

In der Regel gibt es an allen Brandungsständen ablandige Strömungen, die man oft erst bei genauerem Hinsehen entdeckt. Das Wellenmuster ist dort unterbrochen und eine Strömung zieht auf das offene Meer hinaus. Diese ablandigen Strömungen befinden sich normalerweise an den Rändern eines Strandes; sie können jedoch auch am Strand entlang in Abständen oder an Flußmündungen auftreten. Ablandige Strömungen bilden sich durch das Ablaufen des schäumenden Wassers der Brandung, das sich am Ufer aufgestaut hat. Der so entstehende Sog erreicht eine Geschwindigkeit von mehreren Knoten und erleichtert es dem Paddler durch die Brandung hindurch auf das offene Meer zu kommen.

Ein Robbenstart ist die einfachste Möglichkeit, sein Kajak flott zu machen, obwohl man manchmal Hilfe benötigt, um das Kajak gerade zu halten bis es vollständig im Wasser schwimmt. Man paddelt hinaus, wenn die Wellen niedriger werden (siehe Kapitel 12) und koordiniert den Paddel-

Unten: Vorbereitung für einen Robbenstart (Foto: Mark Harrison)

Unter den Wellen hindurchrollen: *Der Paddler kippt um, bevor die Welle ihn erreicht hat. Er wartet bis die Turbulenzen nachlassen, bevor er wieder hochrollt. So kann er in starker Brandung viel Kraft sparen.*

schlag so, daß das Blatt jedesmal auf der Rückseite einer gebrochenen Welle eingesetzt wird und man sich durch die Wellen zieht. Man muß energisch paddeln, um nicht wieder an den Strand zurückgedrückt zu werden. Paddelt man durch steile Wellen schnell hindurch, wird das Kajak auf dem Wellenberg fast abheben, und dann tief ins Wellental fallen. Hier verliert man leicht die Balance, deshalb sollte bei der, Landung' zur Stabilisierung eine flache Paddelstütze angesetzt werden. Hat man es geschafft, dann wartet man hinter der Brandungszone auf den Rest der Gruppe.

Unter Wellen hindurchrollen

Bei großen, sich brechenden Brandungswellen ist es oft am einfachsten, sich ins Wasser kippen zu lassen bis die Welle am Rumpf vorbei ist und das Kajak dann wieder hochzudrehen. Dadurch entgeht man einer Rückwärtskerze oder verhindert, wieder ans Ufer zurückgeworfen zu werden.

Das Anlanden durch die Brandung

Das Anlanden in der Brandung kann für so manchen eine beunruhigende Aussicht darstellen. Die Auswahl des Strandes ist hierbei sehr wichtig, um den mächtigen ‚Dumpers' auszuweichen. Man wartet, bis die Wellen niedriger werden und paddelt schnell ans Ufer. Bei jeder Welle, die droht das Kajak mitzunehmen, paddelt man rückwärts. Auf diese Weise wird verhindert, seitwärts an den Strand getragen zu werden. Man hat dabei ausreichend Kontrolle über sein Kajak, um Kenterungen zu vermeiden und um es sich noch einmal anders überlegen zu können, sollte ein Anlanden doch zu gefährlich sein. Der Paddler sollte zum Anlanden eine Welle abwarten, die sich vor ihm bricht und auf ihrem Rücken an den Strand paddeln, schnell aussteigen und das Kajak aus der Gefahrenzone ziehen.

Dumper

Ein Dumper ist eine schwere schlagende oder brechende Brandungswelle, die sich auf einem steil abfallenden Strand bricht. Man sollte diesen Wellen unter allen Umständen aus dem Wege gehen. Ich habe gesehen, wie Seekajaks durch relativ kleine Dumper auseinandergebrochen wurden. Ihre explosive Kraft ist nicht zu unterschätzen.

Bleibt einem keine andere Wahl als anzulanden, sollte der beste Paddler als erster an Land gehen. Aus den Abschleppleinen der Gruppenmitglieder bastelt er ein Wurfseil. Anschließend paddelt die Gruppe auf den Rücken der Wellen an den Strand, während sie der erste Kajakfahrer vom Strand aus mit dem Wurfseil sichert.

Bei Kenterungen in einem Dumper versucht man so schnell wie möglich vom Kajak wegzukommen. Ein Seekajak, das in den Wellen herumgeschleudert wird, kann sehr großen Schaden anrichten.

Das Starten an einem steilen Strand

Bei ruhiger See setzt der Paddler das Kajak ins Wasser und steigt ein. Unter rauheren Bedingungen ist jedoch ein Robbenstart vorzuziehen. Eine Paddelstütze wird angesetzt, sobald der Bug im Wasser schwimmt, das Heck aber noch am Strand aufliegt.

Auch beim Klippenstart kann man leicht umkippen. Hat der Paddler vergessen, die Wassertiefe zu überprüfen, läuft er außerdem Gefahr, sich mit der Bootsspitze am Grund zu verkeilen! Man sucht einen Felsen ohne Seepockenbesatz und ohne scharfe Kanten, welche sonst tiefe Furchen in das Boot reißen können. Auch ein Felsen, der mit Seegras gut überwachsen ist, eignet

Oben: Beim Einbooten an einem Surfstrand ist energisches Paddeln erforderlich, um durch die Wellen zu kommen.

Unten: Um an einem Surfstrand kontrolliert anzulanden, wird das Kajak abgebremst, damit es von den Wellen nicht mitgenommen wird und die Spitze sich ins Ufer bohrt.

Oben: An steilen Felsen anzulegen, kann eine heikle Sache sein. Hier leistet ein erfahrenerer Seekajakfahrer Hilfestellung.

sich. Als Alternative kann man zum Schutz des Rumpfes auch Treibholzstücke unterlegen.

Als letzter Ausweg ist es möglich, mit dem Kajak vom Strand wegzuschwimmen, und sich dann gegenseitig beim Einsteigen zu helfen.

Das Anlanden an steilen Felsen als Floß

Besonders bei Seegang ist es schwierig, an steilen Felsen ohne Hilfe anzulegen. Vorausgesetzt, die Felsen bieten gute Griffe für die Hände, sind steil und reichen weit genug ins Wasser, so daß sich die See nicht bricht, besteht die einfachste Möglichkeit darin, als Paket anzulanden. Zwei Kajaks bilden ein Floß. Der Paddler, der dem Felsen am nächsten ist, stabilisiert das Floß und hält sich so fest, daß sein Kajak diesen nicht berührt. Der äußere Paddler steigt über das andere Boot auf die Felsen. Weitere Kajakfahrer können auf diese Weise anlanden, bevor die restlichen Mitglieder der Gruppe an einer günstigeren Stelle an Land manövriert werden. Bei schwierigen Bedingungen muß der letzte Paddler manchmal noch im Wasser aus seinem Boot aussteigen, bevor man ihm an Land helfen kann.

Starten und Anlanden mit Zweierkajaks

Das Starten und Anlanden mit Zweierkajaks ist beschwerlicher als mit Einerkajaks. Beim Einbooten an einem Strand wird der Bug ins Wasser geschoben, und eine Person hält das Boot fest, während der vordere Paddler einsteigt. Der hintere Paddler schiebt das Kajak dann ins Wasser und

Unten: In einem Zweier-Seekajak stabilisiert der hintere Paddler das Boot und stellt es senkrecht zu den Wellen, während der vordere Paddler sich in die Sitzluke schiebt. Dann hält der vordere Paddler das Kajak senkrecht zu den Wellen, während sein Partner einsteigt.

steigt ein, während der vordere Paddler das Kajak auf Kurs senkrecht zu den Wellen hält. Das Anlanden erfolgt in umgekehrter Reihenfolge.

Es lohnt sich, die See- oder Landkarte sorgfältig zu studieren, weil man dabei oft besser zugängliche Landeplätze findet, die einem normalerweise nicht ins Auge fallen würden. Man sollte die windgeschützte Seite einer Landspitze auswählen, den Teil einer Küste, der von einer Insel abgeschirmt wird oder den Strand, dem eine Sandbank vorgelagert ist. An zerklüfteten Küsten gibt es oft kleine Buchten, in denen die Wellen sanft ans Ufer rollen, während in nächster Entfernung die Brandung schwer gegen den Strand schlägt. (Siehe Kapitel 12, Die Wellenreflexion)

Das Starten an einem steilen Strand

Klippenstart von mit Seegras bewachsenen Felsen

Zunächst wird das Kajak gewassert. Das Paddel legt man so ab, daß man es nach dem Einsteigen noch erreichen kann.

Man bringt das Kajak nahe ans Wasser und steigt ein. Mit den Händen schiebt man sich ins Wasser. An dem Punkt, an dem beide Enden und nicht der Sitzbereich auf dem Boden aufliegen, wird das Kajak instabil.

Daher wendet man eine tiefe Paddelstütze an bis das Kajak ganz im Wasser ist. Bei ruhiger See wird es normalerweise vor dem Einsteigen in das Wasser gesetzt.

Kurvenfahren 5

Eine der wichtigsten Fähigkeiten, die man bis zur Perfektion beherrschen sollte, ist das Kurvenfahren. Mit Ausnahme von sehr kurzen, stabilen Bootstypen ist das Kurvenfahren mittels Bogenschlag in nicht angekantetem Zustand sehr schwierig. Leichter wird es, wenn man das Boot mehr oder weniger stark ankantet.

Richtungsänderung mittels Bogenschlag

Um beim Vorwärtspaddeln seinen Kurs nach links zu verändern, kantet man sein Kajak rechts leicht an und setzt auf der rechten Seite einen Bogenschlag vorwärts an. Das Paddel ist dabei leicht angestellt (um zusätzliche Stabilität zu erhalten). Das rechte Bein wird gestreckt, das linke Knie gegen die Deckinnenseite gedrückt und der Oberkörper so aufrecht wie möglich gehalten, um nicht das Gleichgewicht zu verlieren.

Das Kajak bleibt während der gesamten Kurvenfahrt angekantet. Beim Paddeln kann man entweder zwischen Grundschlägen vorwärts auf der linken und Bogenschlägen vorwärts auf der rechten Seite abwechseln, oder nur auf der rechten Seite Bogenschläge vorwärts ansetzen. Dabei wird das Blatt nach vorne gebracht, indem man es – ähnlich wie bei der flachen Paddelstütze – mit der Rückseite flach über das Wasser führt. So kann man es als Stütze benutzen, sobald man umzukippen droht. Die Neigung des Kajaks bringt einen drehfreudigeren Bereich des Rumpfes ins Wasser. Um die Stabilität zu erhöhen, wird der Paddelzug auf der Seite ausgeführt, zu der das Boot geneigt ist.

Richtungsänderung mittels Konterschlag und stärkerem Aufkanten

Während bei der Kurve mittels Bogenschlag das Kajak so weit wie möglich angekantet wird, ohne es dabei aus der Balance zu bringen, kantet man es bei dieser Technik so weit auf die Seite, daß man sich nur mit Hilfe des Paddels über Wasser halten kann. Man beschleunigt das Kajak anfangs und legt es dann auf die Seite, zu der man drehen will. Um genügend Kraft zu entwikkeln, führt man mit dem angestellten Paddelblatt einen Rückwärtsschlag aus. Die Seitenkrümmung des Kajaks wirkt als effektiver Bogenkiel. Der Paddelzug sollte auf Höhe der Sitzluke beendet sein. Mit guter Technik kann man die meisten Seekajaks mit einem einzigen Paddelzug um 90° drehen. Steile Seitenrumpfformen sind in dieser Stellung stabiler als rundere.

Beide Techniken erfordern einige Übung und ein gewisses Maß an Selbstvertrauen. Man sollte bei jeder Gelegenheit, die sich bietet, auch in bewegter See unter kontrollierten Bedingungen üben, so daß man in einer Situation, in der das Boot schnell gedreht werden muß, richtig reagiert.

Stevenruder werden häufig von Paddlern eingebaut, die nicht genügend Selbstvertrauen besitzen, um das Boot beim Kurvenfahren anzukanten. Sie bieten meiner Meinung nach zu den beschriebenen Kurvenfahrtechniken jedoch keine Alternative, sondern sind eher als zusätzliche Möglichkeit anzusehen, da sie leider nur allzu oft nicht funktionieren.

Kurvenfahren im Zweierkajak

Zweierkajaks, bei denen die Sitzluken vor bzw. hinter dem Mittelpunkt liegen, drehen bei nicht gekantetem Boot mit Hilfe von Bogenschlägen erstaunlich leicht. Bogenschläge vorwärts werden vom Bug bis auf Höhe der Sitzluke geführt, Bogenschläge rückwärts werden vom Heck bis zur hinteren Sitzluke gezogen. Zweierkajaks kann man auf die gleiche Weise ankanten und mit Hilfe von Bogenschlägen drehen wie Einerkajaks. Dabei führt der vordere Paddler einen Bogenschlag aus, der auf Höhe der Sitzluke abgeschlossen sein sollte, während das Paddel des Hintermanns vom Heck aus bis auf Höhe der Sitzluke arbeitet. Richtungsänderungen mittels Konterschlag und stärkerem Aufkanten erfordern eine gute Koordination der beiden Paddler. Ich empfehle daher, das Kajak immer nur so weit anzukanten, daß der Gesamtschwerpunkt noch im Boot liegt, selbst wenn man zum Drehen Bogenschläge verwendet.

Verlängerter Paddelarm

Anfänger und häufig auch erfahrenere Paddler kanten ihr Kajak zum Drehen bei rauhen Bedingungen manchmal nur ungern an. Dadurch wird die Bewegung langsamer und schwieriger. Unter solchen Umständen legt man das Paddel auf der Seite, auf der es eingesetzt wird, weiter aus. Die Hebelkraft wird somit erhöht, und die Kurve kann enger gefahren werden.

Kurvenfahrt im Zweier-Kajak. Der hintere Paddler verwendet einen Bogenschlag rückwärts vom Heck bis zur abgebildeten Position. Der vordere Paddler setzt einen Bogenschlag vorwärts an, der auf Höhe der Sitzluke (siehe Foto) beendet wird.

Linke Seite: Richtungsänderung mittels Konterschlag und stärkerem Aufkanten. Die Spritzdecke taucht bei dieser Kurventechnik tief im Wasser ein.

Photo: James Venimore

Kajaktour vor der
islandischen Küste.

Früher oder später geht jeder Paddler einmal baden. Die folgenden Punkte sollte man bei der Entscheidung darüber, welche Rettungsmethode angewendet wird, beachten. Rettungen in einem unbeladenen Boot sind einfacher als in einem Kajak, das für eine Expedition ausgerüstet ist. Abschottungen erleichtern die Sache, die Bootsform selbst kann eine Rettungsaktion jedoch erschweren.

Die X-Methode

Abgesehen von der Möglichkeit, das Kajak einfach wieder umzudrehen und zu lenzen, ist die X-Methode die einfachste Rettungsmethode. Der Retter paddelt auf das gekenterte Kajak zu und ergreift das Bugende. Es ist unbedingt erforderlich, daß sich der gekenterte Paddler auch während des Rettungsvorgangs stets am eigenen oder am Retterkajak festhält, denn Kajaks können vom Wind schneller abgetrieben werden, als man schwimmen kann.

Der Retter ergreift den Bug des Opfers, zieht das Kajak auf sein Vorderdeck und dreht es auf die Seite. Läuft das Wasser in dieser Stellung nicht ganz aus, so dreht man zum Schluß die Cockpitluke nach unten. Danach wird das Kajak umgedreht, wieder ins Wasser gelassen und so herumgeschwenkt, daß es parallel zum eigenen Boot steht und das Heck des gekenterten Kajaks neben dem Bug des Retterkajaks liegt. Für den Schwimmer ist der Wiedereinstieg vom Heck aus am einfachsten. Die Paddel werden über die beiden Decks gelegt und der Retter hält das leere Kajak im vorderen Bereich der Sitzluke am Süllrand fest. Der Schwimmer wird zwischen die beiden Boote dirigiert; dort hält er sich mit der einen Hand am Deck des Retters und mit der anderen am hinteren Süllrand des eigenen Kajaks fest. Er kann nun wieder einsteigen, indem er sich im Wasser nach hinten legt, seine Beine in die Sitzluke bringt, und die beiden Kajaks unter sich zusammenschiebt. Bis die Spritzdecke geschlossen ist, hält der Retter das Kajak des Schwimmers fest. Das Auseinander-

Unten:
Eine X-Rettung mit zwei Zweier-Kajaks

fahren kann manchmal mit Schwierigkeiten verbunden sein, besonders in bewegter See mit Kajaks, die nicht sehr kentersicher sind. Der Retter schiebt das Kajak des Schwimmers mit einem kräftigen Stoß nach vorne weg, während dieser mit einer flachen Paddelstütze das Gleichgewicht hält. Die durch den Schub erzeugte Geschwindigkeit macht die Paddelstütze effektiver. Sobald die Boote weit genug auseinandergefahren sind, wird normal weitergepaddelt.

Unten: Die X-Methode

Rettung beim Zweier-Seekajak

Die einfachste Rettungsmethode bei Zweierkajaks ist eigentlich eine Form der Selbstrettung, die jedoch nur dann schnell und effektiv ausgeführt werden kann, wenn das Kajak mit den folgenden Einbauten ausgestattet ist: Direkt hinter dem Sitz und nicht weit vor der Fußstütze jedes Paddlers sollte jeweils ein Schott eingesetzt sein. Bei breiten Sitzluken kann der Innenraum durch Anbringen von Auftriebskörpern an den Seiten verkleinert werden. Beide Cockpits sollten außerdem mit einer Pumpe ausgestattet sein.

Nach einer Kenterung wird das Kajak wieder umgedreht. Der eine Schwimmer stabilisiert es, während der andere von der gegenüberliegenden Seite aus einsteigt und seine Spritzdecke schließt. Nun stabilisiert dieser das Kajak mit einem Stützschlag und der im Wasser verbliebene Schwimmer kann nunmehr in das Boot einsteigen. Seilschlaufen, die wie Steigbügel verwendet werden, erleichtern das Stabilisieren und Einsteigen. Anschließend können beide Paddler gleichzeitig das Kajak lenzen; als Alternative paddelt eine Person, während die andere pumpt. Ist das vollgelaufene Kajak instabil, wenn beide Paddler wieder eingestiegen sind, sollte der Lukeninnenraum verkleinert werden. Einstweilen wird die Rettungsaktion wie beschrieben durchgeführt, jedoch pumpt man die erste Sitzluke leer, bevor der zweite Paddler wieder einsteigt.

Die HI-Methode

Diese Art der Rettung ist nicht so einfach durchzuführen wie die zuvor beschriebene. Doch kann man sie beim Lenzen von Zweier-Kajaks anwenden, die nicht ausreichend mit Schotten ausgestattet sind. Dabei wird das Kajak auf die Seite gelegt, so daß das Wasser auslaufen kann, und langsam auf die Decks der beiden Rettungskajaks gezogen. Um es vollständig auszuleeren, dreht man es mit der Luke nach unten und hebt

Oben: Bei einer Stark-Wind-Rettung hält ein anderer Paddler den Retter mit einer Abschleppleine auf Distanz zu den Felsen.

Links: Selbstrettung beim Zweier-Seekajak

den Bug an. Es ist auch möglich, die Paddler einsteigen zu lassen und dann das verbliebene Wasser herauszupumpen.

Die Ipswich-Rettungsmethode

Für diese Methode werden zwei Retterboote, die als Floß fungieren, benötigt. Das gekenterte Kajak liegt zwischen ihnen. Die Retter fixieren die Paddel auf ihren Schultern gegenseitig mit der jeweils dem Partner zugewandten Hand. Mit der außen liegenden Hand heben sie den Bug des umgedrehten Kajaks, und benutzen dabei die Halteleinen, um das Kajak auf gleicher Höhe zu halten. Der Schwimmer kann Hilfestellung leisten, indem er die Spitzen der Helferboote zusammenhält. Sobald das Wasser aus der Sitzluke gelaufen ist, drehen die Retter das Boot um und legen es zwischen sich ins Wasser; der Schwimmer kann wieder einsteigen. Diese Rettungsart erfordert sehr viel Absprache zwischen den Rettern. Sie kann erst begonnen werden, wenn beide Retter in Position sind, so daß sie oft langsamer ist als die X-Methode. Sie ist jedoch effektiv und sicher, und strapaziert das Vorderdeck nicht.

Stark-Wind-Rettung

Oft ist es wichtig, bei einer Rettungsaktion die Abdrift abzubremsen. Unerläßlich wird dies, wenn gefährliche Felsen in der Richtung des Windes liegen. Ein Paddler, der nicht an der Rettungsaktion beteiligt ist, befestigt eine Abschleppleine am Heck des Retterkajaks und paddelt gegen den Wind oder aus der Gefahrenzone. Der Paddler macht kaum Strecke, sondern kompensiert lediglich die Abdrift, bis der Schwimmer das Wasser verlassen hat. Als Selbsthilfe sollte der Schwimmer vor und während der Rettungsaktion mit seinem Kajak aus dem Gefahrenbereich oder gegen den Wind schwimmen.

Selbstrettung bei Einerkajaks

Selbstrettungstechniken reichen von schnellen, zeitsparenden Methoden nach Kenterungen von Anfängern unter einfachen Bedingungen bis hin zu anspruchsvollen Techniken, die in Gefahrensituationen angewendet werden. Bei der einfachsten Methode drückt der Schwimmer zunächst das Heck nach unten. Dadurch hebt sich der Bug, und ein großer Teil des Wassers kann aus der Sitzluke auslaufen. Schließlich dreht man das Kajak nach oben, schiebt seinen Körper dicht hinter dem Cockpit über das Deck, bringt ein Bein auf die andere Seite, und gleitet in den Sitz. Anschließend entledigt man sich des restlichen Wassers mit Hilfe eines Schwammes, eines Bechers oder einer Pumpe. Für diese Art der Rettung muß das Kajak relativ stabil und mit Auftriebskörpern oder einem Pod versehen sein.

Die Zuhilfenahme des Paddels

Die Kippstabilität beim Wiedereinsteigen wird erhöht, indem man das Paddel quer über das Kajak legt, so daß ein Blatt flach an der Wasseroberfläche liegt. Ein Paddelfloat (Auftriebskissen) erleichtert den Vorgang zusätzlich. Es wurde von dem Kalifornier Will Nordby entwickelt und ähnelt einer aufblasbaren Hülle, die über das Blatt gestülpt und aufgeblasen wird. Das Paddelfloat funktioniert am effektivsten, wenn es mit Luft und Wasser gefüllt wird, so daß es nicht so leicht aus dem Wasser steigt. Es kann ebenfalls bei einem Unterwasserein-

Rechte Seite: Selbstrettung mit Hilfe eines Paddelfloats

Oben: Ein Ersatzpaddel steckt im Paddelrohr und zeigt nach unten in Richtung Wasseroberfläche

deln in den Röhren zu lassen empfiehlt sich nicht, da sie zu viel Wasserwiderstand bieten.

Abschleppen

Die Abschleppleinen werden in Kapitel 3 beschrieben. Sie sind ein wichtiger Teil der Sicherheitsausrüstung, und ihre Handhabung sollte trainiert werden. Man kann einem Paddler, der Schwierigkeiten hat, den Kurs zu halten, oder der ganz einfach müde ist, wertvolle Hilfestellung leisten. Bei rauheren Bedingungen verwendet man ein Schleppseil, um eine Kenterung zu vermei-

stieg mit anschließender Eskimorolle verwendet werden.

In die gleiche Richtung geht die von Howard Jeffs aus Nord Wales entwickelte geniale Methode, ein Kajak mit Hilfe eines Paddelrohres zu stabilisieren. Es handelt sich dabei um Rohre, die hinter dem Paddler schräg nach oben gerichtet in die Seiten des Kajaks eingebaut sind. Ersatzpaddel werden eingeführt und in den Röhren befestigt. Die Blätter stehen auf beiden Seiten schräg im Wasser, und verleihen dem Boot ein großes Maß an Stabilität. Der Wiedereinstieg wird deutlich erleichtert. Nach dem Ausschöpfen und Schließen der Spritzdecke entfernt man zuletzt die Ersatzpaddel und verstaut sie. Das ist der Teil des gesamten Ablaufs, der am schwierigsten ist und die größte Übung erfordert. Die Ersatzpaddel beim Pad-

Links: Howard Jeffs zeigt eine Selbstrettung mit Hilfe der Paddelrohre. Die Paddel werden in die Rohre eingeführt. Sie erhöhen die Stabilität und erleichtern so den Wiedereinstieg.

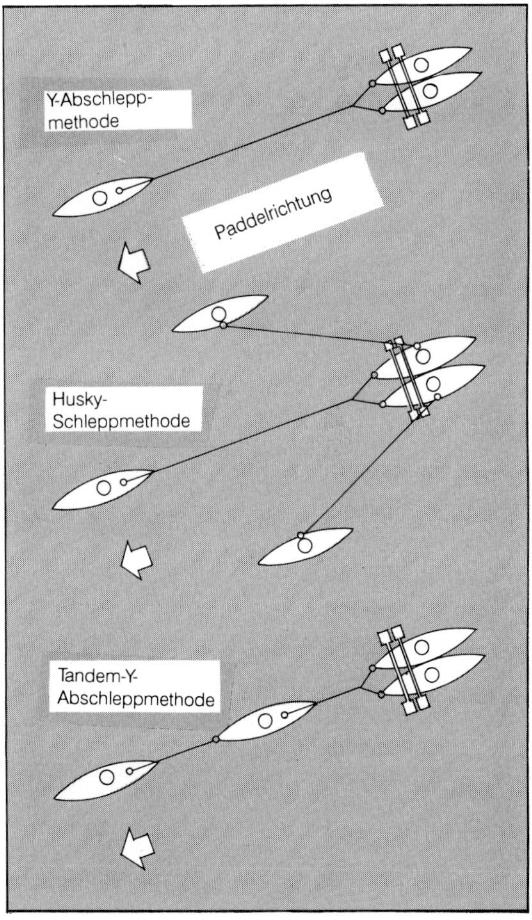

den, indem man zwei Kajaks zu einem Floß verbindet und abschleppt. Dadurch kann man die Reisegeschwindigkeit und/oder die allgemeine Sicherheit einer Gruppe erhöhen. In ernsteren Situationen ermöglichen die Seile die Bergung eines Verletzten, die Absicherung einer Rettungsaktion oder das Schleppen eines gekenterten Kajakfahrers zu einer ruhigen Stelle während einer Hochseerettung.

Es gibt verschiedene Möglichkeiten, die Zuglast aufzuteilen. Beim Tandem-Y-Schlepp verbinden zwei oder mehr Paddler ihre Kajaks mit den Abschleppleinen in einer Reihe, mit dem Opfer am Ende. Diese Methode ist kraftsparend und erleichtert das Steuern in schwierigen Situationen.

Eine weitere Alternative ist die Husky-Schleppmethode – hier sind mehrere Schleppboote mehr oder weniger auf gleicher Höhe. Wird ein Kajak geschleppt, klinken die Helfer ihre Leinen in der Nähe der Rumpfmitte ihrer Kajaks und seitlich an der Sitzluke des abzuschleppenden Bootes ein.

Die Husky-Methode eignet sich besonders zum Schleppen von zwei oder mehr Kajaks, die sich zu einem Floß verbunden haben. Besteht die Gefahr, daß der abzuschleppende Paddler kentert, verwendet man die Y-Abschleppmethode. Schleppt nur ein Kajak ab, verbindet man die Spitzen aller abzuschleppenden Kajaks mit der Abschleppleine, so daß diese nicht auseinanderdriften können.

Der Einsatz eines ‚Ankermanns', der seine Schleppleine am Kajak eines Retters einklinkt, verhindert die Abdrift bei Hochseerettungen. Diese Technik erleichtert Rettungsaktionen und muß geübt werden. Der Ankermann paddelt gegen den Wind, die Retter liegen in seinem Windschatten. Beim Anlanden oder in steiler nachlaufender See kann ein Ankermann verhindern, daß geschleppte Kajaks ins Surfen geraten und die Rettungskajaks rammen. Dazu muß der Ankermann die Technik jedoch perfekt beherrschen.

Wiedereinstieg mit anschließender Rolle

Die effektivste Art der Selbstrettung in schwerer See ist meiner Meinung nach der Wiedereinstieg unter Wasser mit anschließender Eskimorolle. Selbst erfahrene Paddler müssen hin und wieder ihr Boot verlassen. Meistens ereignen sich Kenterungen in Situationen, in denen eine konventionelle Rettungsmethode für Mann und Boot gefährlicher wäre als die Bewältigung einer längeren Schwimmstrecke oder das Abschleppen aus der Gefahrenzone. Eine Selbstrettung kann die Dauer einer Rettungsaktion verkürzen.

Der Paddler hält das Kajak an der Sitzluke fest und dreht es auf die Seite; die Sitzluke zeigt dabei in die dem Wind oder den Wellen zugewandte Richtung. Er hält mit beiden Händen den Süllrand gut fest und gleitet mit den Beinen hinein. Normalerweise wird er erst ganz unter Wasser tauchen, wenn er bereits im Boot sitzt und das Kajak mit einem Stützschlag oder einer Rolle schon wieder aufrichten kann. Eine lange Rolle erhöht das Selbstvertrauen und die Erfolgschancen dieses Manövers bei vollgelaufenem Kajak. Besonders in der Lernphase empfiehlt es sich, die Übung so lange mit einem Paddelfloat durchzuführen, bis der Wiedereinstieg perfektioniert ist. Ist das Kajak wieder aufgerichtet, kann man gleich weiterpaddeln; es wird jedoch ein wenig kippliger sein als normalerweise. Der schwierigste Teil des Ablaufs besteht im Schließen der Spritzdecke bei rauher See. Es lohnt sich nicht, das Kajak zu lenzen, solange sie noch nicht geschlossen ist. Spritzdecken schließt man, nachdem man die unmittelbare Gefahrenzone verlassen hat oder sobald man ein Floß gebildet hat. Aufblasbare Rettungswesten, die über der Schwimmhilfe getragen werden, ermöglichen einen trockeneren Wiedereinstieg, bei dem der Kopf stets über Wasser bleibt. Dadurch wird – besonders beim Erlernen dieser Technik – Angst abgebaut.

Vor die Küste Patagoniens. Photo: Natalia Campillo

Wiedereinstieg mit anschließender Rolle

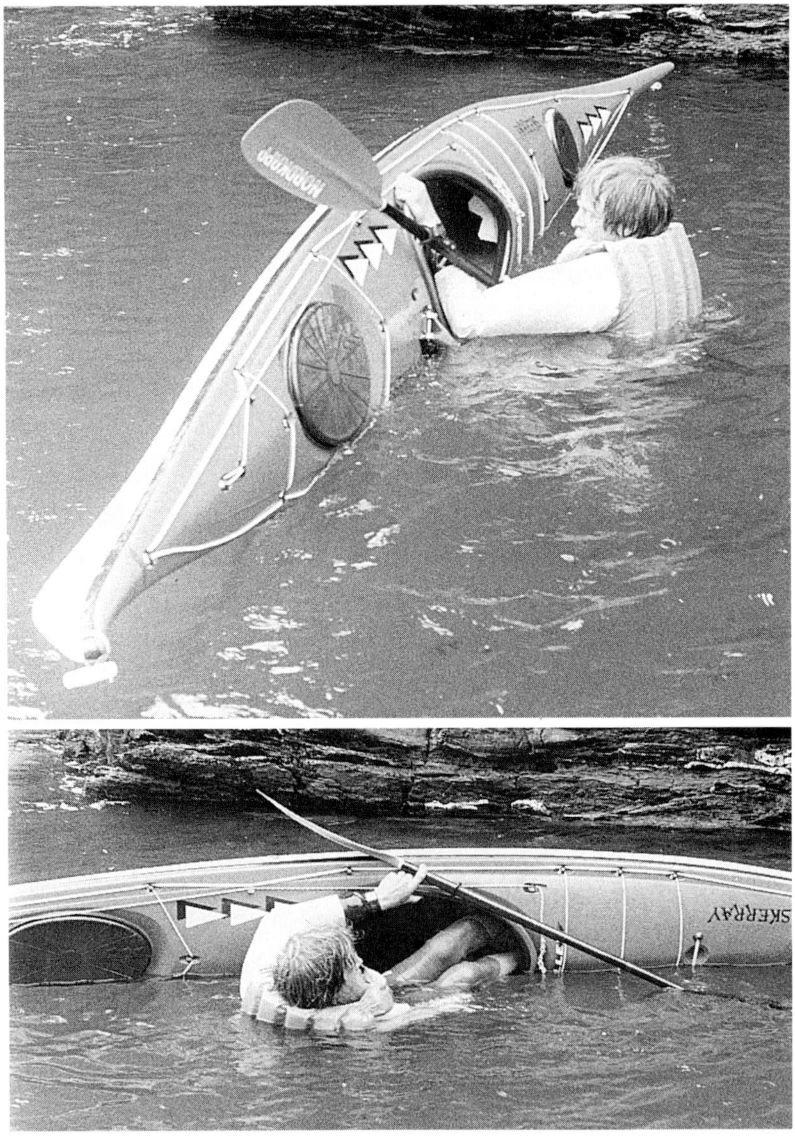

SKERRAY

Links und oben: Man kann den Verletzten auf die eigenen Kajaks ziehen, um ihn wiederbeleben zu können.

Wiederbelebung auf dem Wasser

Obwohl es für die Retter manchmal notwendig wird auszusteigen, um einen Bewußtlosen, der nicht mehr atmet, in die richtige Lage zu bringen und wiederzubeleben, sollte dies doch – wann immer es die Umstände erlauben – vom Boot aus geschehen. Die Kajaks werden zu diesem Zweck zu einem Floß verbunden, und der Verletzte wird auf den Rücken gelegt und an den Schulterträgern der Schwimmhilfe von der Seite auf die Boote gezogen. Es ist auch möglich, den Verletzten auf den Bauch zu drehen, so daß der Retter auf der anderen Seite des Floßes ihn an den Handgelenken ergreifen und über das Floß ziehen kann. Auf diese Weise kann man mit den Erste-Hilfe-Maßnahmen bereits beginnen, während der Verletzte auf dem Floß an Land gebracht wird. Dazu wird er, sobald er sicher liegt, auf den Rücken gedreht und für die Wiederbelebungsmaßnahmen vorbereitet. Ein Schwimmer, der nicht mehr atmet, kann von einem einzelnen Retter in ähnlicher Weise geborgen werden, indem er das Kajak des Gekenterten als Rolle benutzt, über die er den Bewußtlosen auf sein Boot zieht. Jeder Paddler sollte sich mit den gebräuchlichen Techniken der Wiederbelebung und Herzdruckmassage vertraut machen.

Oben: Ein gekentertes Kajak kann als Rolle benutzt werden, über die der Retter den Verletzten zieht, um Wiederbelebungsmaßnahmen einleiten zu können.

Selbsthilfe

Ein Paddler, der gekentert ist und von auflandigem Wind auf einen unwirtlich erscheinenden Strand zugetrieben wird, sollte, während er auf andere Kajaks wartet, in die entgegengesetzte Richtung schwimmen. Auch während die Rettung im Gange ist, sollte er weiterschwimmen, um die Abdrift zu verringern. Um beide Arme zum Schwimmen frei zu haben, klinkt er sich mit der Schleppleine an seinem Kajak ein.

Reparaturen

Reparaturen an Kajaks können auch auf See ausgeführt werden. Der Paddler im beschädigten Boot legt sich auf das Deck eines anderen Kajaks. Ein dritter Paddler kann auf diese Weise feststellen, wo sich das Leck im Rumpf befindet und diesen Bereich entsprechend abkleben. Besteht die Gruppe nur aus zwei Paddlern, muß sich der Paddler durch Stützschläge über Wasser halten während die Reparatur durchgeführt wird oder auf das Retterkajak klettern und sich im Reitsitz dort so lange niederlassen. Sofern es nicht zu schwer ist, kann das leckgeschlagene Kajak aus Stabilitätsgründen für die Dauer der Reparatur über das Retterkajak gezogen werden.

Aus Sicherheitsgründen sollte der Leiter einer Gruppe zusätzlich einen Auftriebskörper dabeihaben. Er kann in einen Stauraum, der voll Wasser gelaufen ist, eingeführt werden, falls keine Vorkehrungen getroffen worden waren, um ein Vollaufen zu vermeiden. Natürlich sollten alle leeren Stauräume mit Auftriebskörpern versehen sein.

Photo: Annika Ramström

„Mittags hatten wir an einer Teestube gerastet, dann paddelten wir weiter". Türkei.

Brandung vor Sylt. Fotos: U. Beier

Der Trollfjord auf den Lofoten hat eine schmale Einfahrt von nur 150 Meter Breite und zählt zu den schönsten Fjorden Norwegens. Foto: U. Beier

Foto: U. Beier

Seekajakziele in Europa und Übersee...

Das Wattenmeer ist auch der Lebensraum der Seehunde.

▶

Auf dem Süderoogsand.

Wunderbare Kiesbuchten in Sardinien.

Glatt polierte Granitfelsen bieten tolle Zeltplätze in den Schären, Åland Inseln. ▼

finden Sie in diesem Buch >

Westgrönland ist die Heimat der Eskimo-kajaks. ▲

Winzig sind unsere Kajaks gegenüber den Eisbergen. ▼

Feiner Korallensand auf den Bahamas. ◀

Paddeln unter Felsüberhängen der Phang-Nga-Bucht in Thailand. ▶

Schmaler Sandstrand und warmes Wasser in Thailand. ▲

Fotos: G. Siebke

Vor der Insel Kreta. Das Bild entstand bei der Überfahrt vom Peleponnes nach Kreta.

Foto: Erdmann

Auf den Lofoten (Norwegen) kann man viele und seltene Vögel beobachten.
Foto: J. Venimore

An der Küste von Irland ist, bedingt durch den Golfstrom, das Klima ganzjährig mild. ➤
Foto: T. Storry

An der Südspitze von Korsika bilden bis zu 60 Meter hohe Kalksteinklippen eine bizarre

Küstenlinie. *Foto: U. Beier*

1989 gelang H. Memminger, M. Hirl, F. Schmidkonz und F. Schneller die Überfahrt von Grönland (Thule) bis Kanada (Resulute). Das sind 2400 Kilometer mit dem Kajak. Über

diese Fahrt gibt es den Film 'Die Arktis im Kajak' und ein Buch. *Foto: F. Schmidkonz*

Mit dem Kajak rund um Fehmarn bei Windstärke 6 – nur etwas für erfahrene Seekajakfahrer.

Foto: M. Ohmann

Ausfahrt aus einer stillen Bucht auf der Insel Krk. Foto: M. Pollner

Beide sind wertvolle Rettungstechniken. Bei der Eskimorettung ist die Hilfe von Dritten erforderlich, während die Eskimorolle die ideale Methode der Selbstrettung ist.

Die Eskimorettung

1. Der Gekenterte schlägt mit der Hand an den Bootsrumpf, um andere auf sich aufmerksam zu machen und hält dann seine Hände seitlich aus dem Wasser und wartet in dieser Position.
2. Der Retter nähert sich der Spitze des gekenterten Kajaks und bremst sein eigenes Boot ab, indem er sich am gekenterten Kajak festhält.
3. Der Retter manövriert sein Kajak in Reichweite der aus dem Wasser gestreckten Hand. Bei Seekajaks ist es für den Retter am einfachsten, dem Gekenterten seine Seite anzubieten, da dieser sich dort an den Halteleinen gut festhalten kann.
4. Der Gekenterte hält sich am Retterkajak fest und dreht sein Boot mit einem Hüftknick nach oben.

Eine weitere Möglichkeit besteht darin, sich am Paddel des Retters hochzuziehen. Dies ist jedoch gefährlich. Hier sollte das Paddel parallel zwischen Gekentertem und Retter liegen, und der Gekenterte drückt sich am Schaft nach oben. Des öfteren kommt es jedoch vor, daß der Gekenterte zuerst das Paddelblatt zu fassen bekommt, das senkrecht zum Kajak des Retters liegt und sich daran hochzuziehen versucht, um so schnell wie möglich wieder an die Wasseroberfläche zu kommen. Dabei kann ein Paddelblatt aus nicht sehr robustem Material leicht brechen.

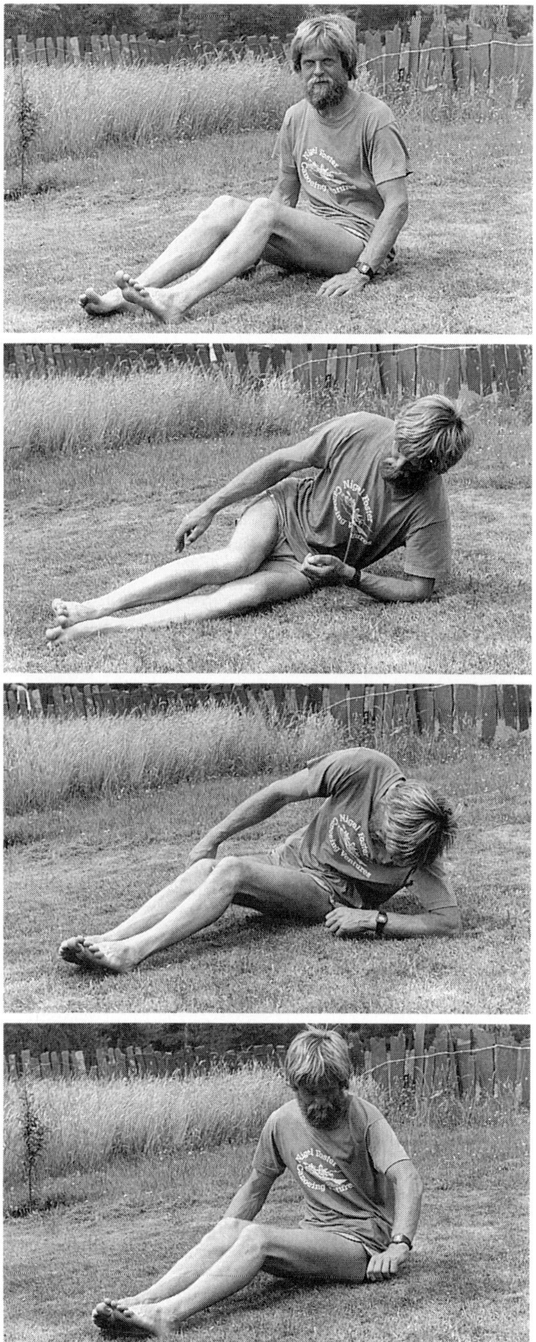

Trockenübung zur Verbesserung des Hüftknicks.

Die Eskimorolle

Es gibt mehrere Varianten der Eskimorolle. Nach meiner Erfahrung sind Stützrolle und Bogenschlagrolle die gebräuchlichsten Formen. Bei beiden müssen die Hände am Schaft nicht umgreifen. Zunächst aber zu den einzelnen Bewegungsabläufen, aus denen die Rolle aufgebaut ist:

1. Der Hüftknick

Die Bewegung besteht aus einem nach oben ‚Ziehen' der Hüfte in Richtung Achselhöhle. Man kann diese Bewegung zu Hause trainieren, indem man sich aufrecht auf den Boden setzt, und die Beine so anwinkelt, als ob man in seinem Kajak säße. Dann lehnt man sich auf eine Seite und legt den Ellbogen auf dem Boden ungefähr eine Unterarmlänge von der Hüfte entfernt ab. Mit zusammengestellten Knien dreht man die Beine ebenfalls auf die Seite, bis die Knie den Boden berühren. Nun wird der Rumpf zurück in die Sitzposition gekippt, der Ellbogen bleibt dabei auf dem Boden und der Kopf wandert so weit nach unten, bis die Wange die Schulter berührt. Mit Hilfe dieses Hüftknicks kann das Kajak wieder aufgerichtet werden und der Paddler muß nur noch seinen Oberkörper in die aufrechte Position bringen.

2. Der Bewegungsablauf unter Wasser

Im umgekippten Kajak sitzend lehnt man sich seitlich nach vorne, so daß der Auftrieb der Schwimmhilfe den Körper des Paddlers nach oben zieht. Sobald auf dem Paddelblatt der Wasserwiderstand spürbar ist, dreht man seinen Körper so, als ob man die

Der Bewegungsablauf beim Hüftknick kann im Kajak auf dem Trockenen geübt werden.

Oben: Erlernen der Bogenschlagrolle mit einem Helfer. Man läßt sich mit gestrecktem Arbeitsarm ins Wasser kippen. Der Helfer kann das Heck in dieser Stellung festhalten. Mit Hilfe eines Bogenschlags, gefolgt von einem Hüftknick bringt der Paddler das Kajak wieder in die aufrechte Position.

Brust an die Wasseroberfläche bringen wollte, während man die Hüfte in Richtung Achselhöhle bewegt. Mit Hilfe der Hüftbewegung richtet man das Kajak auf; der Oberkörper sollte nun im rechten Winkel zum Kajak an der Wasseroberfläche liegen. Um die Bewegung abzuschließen, wird Druck auf das Paddelblatt ausgeübt und der Körperschwerpunkt über das Boot gebracht; der Kopf kommt dabei als letztes aus dem Wasser.

Ausgangsposition (Rumpfverwindung) für die Bogenschlagrolle.

Das Erlernen der Bogenschlagrolle

Das Paddel liegt parallel zum Boot und das vordere Blatt oder Arbeitsblatt wird vorne flach auf das Bootsdeck gelegt. Nun wird der Oberkörper und damit auch das Paddel so weit wie möglich nach vorne gebeugt. Dies ist die Ausgangsposition für die Rolle, sie wird auch als Rumpfverwindung bezeichnet. Während der Eskimorolle folgt dieser Verwindung die Rumpfentwindung. Bevor man umkippt, legt man das Arbeitsblatt ca. 30 cm vom Kajak aus, so daß das hintere Blatt oder Gegenblatt unter dem Bootsrumpf liegt. Diese Stellung ist notwendig, um zu verhindern, daß das Gegenblatt während der Rolle am Boot hängen bleibt. Zur besseren Orientierung führen wir den Paddelzug zunächst mit dem Oberkörper an der Wasseroberfläche aus.

Der Paddler läßt sich dabei ins Wasser kippen. Sobald sein Körper das Wasser berührt, zieht er das Arbeitsblatt in einem Bogen nach hinten und bringt das Kajak mit Hilfe eines Hüftknicks in die waagrechte Stellung zurück. Um den Auftrieb des Paddelblattes besser auszunutzen, wird es wieder nach vorne gezogen, nachdem es einen Winkel von ca. 45° hinter Rumpfhöhe erreicht hat. Dies ist sinnvoll, da der dyna-

Bewegungsablauf bei der Bogenschlagrolle.

Beim Rollen eines Zweier-Seekajaks leitet der vordere Paddler die Rolle ein. Der Hintermann hilft mit, sobald er die Rollbewegung des Kajaks spürt.

mische Auftrieb um so kleiner wird, je näher das Paddelblatt am Boot liegt. Durch das Wieder-Nach-Vorne-Bringen des Blattes durchläuft das Paddel zum zweiten Mal den Bereich des größten Auftriebs (senkrecht zum Kajak); hat man es also im ersten Versuch nicht ganz geschafft, das Kajak wieder aufzurichten, so bekommt man eine zweite Chance.

Diese Übung sollte man auf beiden Seiten so lange wiederholen, bis der Oberkörper ganz unter Wasser liegt, bevor man hochrollt. In diesem Stadium ist man nur noch einen Schritt von der vollständigen Bogenschlagrolle entfernt. Schließlich läßt man sich auf der Seite, auf der man das Paddel hält, ins Wasser kippen, so daß man auf der anderen Seite aus dem Wasser hochkommt.

Ein Helfer sollte beim Üben am Heck des Kajaks im Wasser stehen um, falls notwendig, Hilfestellung zu leisten, indem er beim Hochdrehen des Kajaks etwas mithilft.

Die Stützrolle

Die Ausgangsposition bei der Stützrolle ist dieselbe wie bei der Bogenschlagrolle. Das Paddel wird so weit gedreht, bis es rechtwinklig zum Kajak steht; der Paddelschaft wird dabei über den Bootsrumpf gelegt. Hier beginnt die eigentliche Stützrolle. Das Arbeitsblatt wird an die Wasseroberfläche geschoben, der vorgebeugte Oberkörper liegt knapp unter der Wasseroberfläche, und das Blatt wird direkt nach unten gedrückt, um den Oberkörper aufzurichten.

Beginnt man die Stützrolle in der Ausgangsposition der Bogenschlagrolle, kann man das Blatt durch das Wasser ziehen bis es rechtwinklig zum Kajak liegt und dadurch bereits Auftrieb gewinnen, noch bevor mit der Stützrolle begonnen wurde. Aus dieser Mischform kann man die Bogenschlagrolle entwickeln.

Wichtige Hinweise für das Üben der Rolle

1. Der Oberkörper sollte immer seitlich vom Boot unter der Wasseroberfläche liegen, bevor man zur Rolle ansetzt. Auf diese Weise erspart man es sich, den Körper während der eigentlichen Rolle durch das Wasser bewegen zu müssen.
2. Ist die Rolle einmal nicht ganz erfolgreich, sollte man versuchen, sich mit einem Stützschlag doch noch über Wasser zu bringen.
3. Verschlechtert sich die Rolle, anstatt besser zu werden, macht man eine Pause, und übt danach den Bewegungsablauf noch einmal ohne Paddel; bitten Sie einen Freund, das Kajak festzuhalten, so daß Sie sich auf die Perfektionierung des Paddelzuges konzentrieren können.
4. Eine weitere Hilfe ist es, die Bewegung in einer ruhigen Minute mental immer wieder nachzuvollziehen.
5. Wenn man die Rolle beherrscht, sollte man sie in so vielen verschiedenen Situationen wie möglich üben. Dadurch wird die Bewegung eingeschliffen und das Selbstvertrauen für Situationen, in denen man nicht auf eine Kenterung vorbereitet ist, gestärkt.

Rollen in der Brandung

In der Brandung nutzt man die Kraft der Wellen für die Rolle aus. Kippt man parallel zur Welle landwärts um, so ist es leichter, im Unterzug der Welle auf der Seite der ankommenden nächsten Welle durchzurollen.

Man sollte zunächst in kleinen, brechenden Wellen und natürlich bei ausreichender Wassertiefe üben. Das Kajak wird parallel zur Welle gestellt, man legt das Paddel am Boot an, kippt um und rollt auf der ankommenden Welle hoch. Dabei wartet man unter Wasser so lange, bis man den Schub der nächsten Welle an Paddel und Kajak spürt, bevor man die Rolle ausführt. Die

Kraft der Welle, die das Boot an der Oberfläche entlangtreibt, wird bei halbwegs gutem ‚Timing' die meiste Arbeit tun, so daß man lediglich das Paddel als Stütze auslegen muß.

Rollen bei Starkwind

Kentert man bei starkem Wind, wird das Kajak seitwärts getrieben und der Oberkörper des Paddlers wird, ähnlich wie in der Brandung, unter Wasser nachgezogen. Um sich die Kraft des Windes zunutze zu machen, sollte man auf der Luvseite, also der dem Wind zugewandten Seite, hochrollen.

Rollen in starken Gezeitenströmen

Die Bedingungen in starken Gezeitenströmen ähneln denen in schnell fließenden Flüssen. Steht das Kajak senkrecht zur Strömung, so wird der Körper auf der stromabwärts gelegenen Seite an die Oberfläche gedrückt; es ist daher leichter, auf dieser Seite zu rollen. Die Wellen, die sich in der Strömung bilden, erleichtern die Rolle, ähnlich wie in der Brandung oder in Wildwasserflüssen.

Führt man eine Rolle im luftdurchsetzten Wasser hinter einem großen Brecher aus, benutzt man eine andere Technik: anstatt des weit ausholenden Bogenschlags an der Wasseroberfläche drückt man das Paddel an der Seite des Kajaks tiefer unter Wasser, wo das Blatt die weniger luftdurchsetzten unteren Wasserschichten erreicht. (Siehe Kapitel 12, Starke Gezeitenströme und Overfalls).

Die Paddelstütze 8

Die Paddelstütze gehört zu den Grundtechniken beim Seekajakfahren. In leicht abgewandelter Form findet sie eine Vielzahl von Anwendungen.

Die flache Paddelstütze

Bei der flachen Stütze wird das Paddel auf einer Seite ausgelegt, und die konvexe Seite des Blattes auf die Wasseroberfläche gedrückt, um das Gleichgewicht zu halten. Der Ellbogen ist dabei angewinkelt und sollte über dem Schaft liegen. Der Schaft sollte so flach wie möglich auf dem Wasser liegen, ganz gleich, ob er quer über dem Deck oder parallel zum Kajak gehalten wird.

Mit Hilfe einer flachen Paddelstütze (rechts), bei der die Ellbogen über dem Paddelschaft liegen, dreht man das Kajak auf dem Kamm einer Welle (unten).

Eine hohe Paddelstütze (links), bei der die Ellbogen unter dem Schaft stehen, wird als Stützschlag (oben) in hohen Wellen verwendet, während das Kajak seitwärts zum Ufer getragen wird.

Die hohe Paddelstütze

Das Arbeitsblatt wird hierbei auf Körperhöhe steil eingesetzt und stark aufgedreht. Der Ellbogen liegt unter dem Schaft und die Gegenhand bleibt vor dem Kopf. Der Schaft wird so horizontal wie möglich eingesetzt, die Bewegung ähnelt der eines Klimmzugs.

Paddelstütze in brechenden Wellen

Um das Gleichgewicht zu halten, wenn man seitlich von einer brechenden Welle getroffen wird, benutzt man die Paddelstütze. Bei niedrigen Wellen wendet man die flache Paddelstütze an. Das Paddel wird hierbei auf die brechende Welle gelegt und das Kajak zur Welle hin angekantet. Die Welle drückt das Kajak seitwärts, während das Paddel über die Oberfläche gleitet und die notwendige Stützwirkung liefert. Um das Kajak wieder aufzurichten, drückt man sich mit Hilfe des Paddels hoch.

Bei höheren Wellen verwendet man die hohe Stütze. Das Blatt wird hoch in der Welle angesetzt, während man versucht, die andere Seite des Paddels so tief wie möglich zu halten. Mit dem oberen Blatt versucht man den Wellenkamm zu erreichen. Als Alternative dazu kann man das Paddelblatt auch waagrecht halten. Wenn das Kajak seitlich versetzt wird, sticht das Paddel nicht steil in das Wasser ein, sondern gleitet hindurch, und stabilisiert so das Boot. Der Arm bleibt während des ganzen Manövers angewinkelt, denn mit durchgestrecktem Arm über dem Kopf und steiler Paddelhaltung könnte die Kraft einer Welle dem Paddler die Schulter auskugeln. Man drückt das Paddelblatt nach unten, um den Oberkörper etwas aufzurichten, das Kajak sollte dabei zur Welle hin angekantet bleiben.

Um in einem brechenden Wellenkamm eine gewisse Vorwärtsbewegung beizubehalten, verlagert man die Paddelstütze weiter nach hinten. Dadurch wird die Fahrt verlangsamt, der Bug sinkt tiefer ins Wasser, er hält das Boot in der Schubrichtung der Welle, und das Kajak bewegt sich gleichzeitig seitlich zur Welle. Auf diese Weise erreicht man eine beachtliche Beschleunigung, und die zusätzliche Bewegungsenergie trägt das Kajak noch weiter, nachdem der Wellenkamm bereits weitergewandert ist.

Paddelt man in der Brandung oder in der Stromkabbelung durch steile Wellen auf das offene Meer hinaus, verwendet man, wenn der Bug auf einem Wellenberg aus dem Wasser gehoben wird und in das folgende Wellental fällt, eine flache Paddelstütze, um das Gleichgewicht zu halten.

In einer nachlaufenden See liefert die flache Paddelstütze ein hohes Maß an Stabilität und an Selbstvertrauen, indem man das Blatt etwas hinter dem Sitz weit auslegt. Dadurch daß das Blatt flach auf die Wasseroberfläche gelegt und nur wenig Druck darauf ausgeübt wird, wird die Richtungsstabilität nicht beeinflußt. Diese Technik ist besonders unerfahrenen Paddlern in steiler, nachlaufender See zu empfehlen, um ein Vorwärtssurfen zu vermeiden.

Bei steilen Klippenstarts, wie in Kapitel 4 beschrieben, ist die flache Paddelstütze ebenfalls nützlich. Des weiteren verwendet man sie, um das Kajak zu stabilisieren, während man den Kopf nach hinten dreht. Um die beste Wirkung zu erzielen, paddelt man etwas schneller und hebt die Vorderkante des Blattes leicht an. Bei Gegenwind wird das Boot jedoch sehr schnell abgebremst und das Blatt wird ins Wasser gedrückt, wenn man nicht aufpaßt. Unter solchen Bedingungen sollte man auf einer Seite einen Vorwärtsschlag ansetzen und dabei auf der Seite des Gegenblattes über die Schulter sehen. Auf diese Weise erreicht man nicht nur eine höhere Stabilität, sondern verhindert auch, vom Wind rückwärts geblasen zu werden.

An der Schärenküste von Stockholm.
Foto: Archiv P. Nicolai

Beim Paddeln im Seekajak sollte man darauf achten, daß die Blätter nahe am Boot entlanggeführt werden. Die Rumpfverwindung unterstützt den Paddelschlag; gleichzeitig wird Druck auf die Fußstütze auf der Seite des Paddelzuges ausgeübt. Da man die meiste Zeit nur vorwärts paddelt, sollte man einen möglichst effektiven Stil entwikkeln.

Nachlaufende See

Obwohl es manchen Anfängern ein wenig unheimlich erscheinen mag, kann das Paddeln in nachlaufender See ein schnelles, aufregendes Vergnügen sein. Die Kunst besteht hierbei, zu lernen, wann man paddelt oder eine Pause macht, wann man steuert, wann man die Kraft der Welle ausnützen kann und wann man aufhören und auf die nächste Welle warten sollte. Man sollte mit niedrigen, vom Wind getriebenen Wellen beginnen. Paddelt man in Windrichtung vorwärts, so kann man feststellen, wie sich der Bug des Kajaks mit den von hinten kommenden Wellen hebt und senkt. Sobald der Bug seinen höchsten Punkt erreicht hat und sich wieder zu senken beginnt, setzt man 2–3 kräftige Paddelschläge an und lehnt sich dabei nach vorne. Das Kajak wird dann auf der Vorderseite der Welle, die das Heck hebt, vorwärts gleiten. In dieser Position reicht es aus, das Paddel hin und wieder als Heckruder einzusetzen. Sobald das Boot wieder langsamer wird und der Bug sich hebt, macht man sich für die nächste Welle und einige kräftige Paddelschläge bereit. Um sich dem Wellenmuster anzupassen, wird der gleichmäßige Paddelrhythmus zugunsten kurzer aktiver Phasen, gefolgt von Pausen, in denen lediglich gesteuert, aber nicht gepaddelt wird, verändert. Der Paddler hat das Gefühl, nicht so schnell voranzukommen wie bei einem gleichmäßigen Rhythmus. Dies ist jedoch eine Täuschung. Durch das Ausnutzen der Wellen erreicht man eine höhere Reisegeschwindigkeit.

Bei hohem Wellengang haben die Wellen eine höhere Geschwindigkeit, so daß auch das Kajak stärker beschleunigt werden muß. Lange, schnelle Seekajaks haben hier einen Vorteil, sie können Wellen ausnützen, die für kurze Kajaks zu schnell sind. Ab einem gewissen Punkt wird die Wellengeschwindigkeit zu hoch, so daß sie mit einem Seekajak nicht mehr genutzt werden kann.

Um eine nachlaufende See zu lesen, beobachtet man die Welle, die gerade am Boot vorbeigelaufen ist, anstatt sich im Kajak umzudrehen. Je höher die Wasserwand vor dem Paddler, desto steiler ist die nachfolgende Welle, da beide das gleiche Wellental haben.

Mit Hilfe kurzer Paddel mit breiten Blättern erreicht man höhere Beschleunigungen und kann so die Wellen besser ausnützen als mit langen Paddeln und schmalen Blättern.

Der Heckruderschlag

Den Heckruder- oder Steuerschlag benutzt man, um ein Kajak vor dem Wind zu steuern oder um eine Welle abzufahren. Er wird normalerweise am Ende eines Vorwärtsschlages angehängt. Dazu führt man einen normalen Vorwärtsschlag aus, bis das Blatt auf Sitzhöhe ist. Das Blatt schneidet diagonal nach hinten durch das Wasser und wird dann bis zum Heck weitergeführt. Hierbei wird das Blatt so angestellt, daß die Oberkante zum Kajak geneigt ist und in dieser Stellung gehalten, bis die erwünschte Kurskorrektur erreicht ist. Wenn das Paddel auf der linken Seite eingesetzt wird, dreht das Kajak nach rechts.

Alternativ dazu kann man den Heckruderschlag auch auf der anderen Seite einset-

Paddeln in nachlaufender See.

zen, wobei die Oberkante des Blattes in diesem Fall vom Kajak weggeneigt ist. Das Kajak dreht nach rechts, wenn das Blatt auf der rechten Seite eingesetzt wird. Paddelt man diagonal vor dem Wind, tendieren viele Seekajaks dazu, querzuschlagen. Das Gleichgewicht kann man mit Hilfe eines Heckruderschlags, der auf der Seite, auf der die Wellen ankommen, eingesetzt wird und mit der Blattoberkante zum Boot geneigt ist, viel besser halten, als mit einem Heckruderschlag auf der windabgewandten Seite (Leeseite). Starker Seitenwind schiebt das Kajak übers Paddel.

Vorwärtspaddeln bei Starkwind

Man sollte auch bei starkem Wind seinen gewohnten Paddelstil beibehalten. Lange Paddel bieten dem Wind jedoch eine größere Angriffsfläche als kurze, daher wenden einige Paddler unter solchen Bedingungen nur flache Bogenschläge an. Diese verringern jedoch die Effizienz des Paddelschlages in einer Situation, in der man eigentlich die maximale Kraft benötigen würde. Ich bin mit relativ kurzen Paddeln in Winden von über 70 Knoten (120 km/h)! gepaddelt, ohne daß ich dabei meine Technik hätte ändern müssen.

Der Heckruderschlag. Die Oberkante des Paddelblattes wird vom Kajak weggeneigt, das Kajak dreht in Richtung Paddel (in diesem Fall nach links).

Bei gerader Stellung des Blattes läuft das Kajak geradeaus.

Die Oberkante des Paddelblattes wird zum Kajak geneigt, das Kajak dreht nach rechts vom Paddel weg.

Die Gezeiten entstehen durch die Anziehungskräfte des Mondes und der Sonne. Mit dem Heben und Senken des Meeresspiegels geht eine Hin- und Herbewegung des Meerwassers einher, die man als Gezeitenstrom bezeichnet. Der Gezeitenstrom kann einem Seekajakfahrer von sehr großer Hilfe sein, vorausgesetzt, er plant seine Fahrtroute gewissenhaft. Der Wasserstand ist beim Starten und Anlanden äußerst wichtig. Ein Tidenkalender zeigt Zeitpunkt und Höhe von Hoch- und Niedrigwasser für einen bestimmten Ort, hier ist es Greenport in England.

GREENPORT TIDES

Date	JANUARY 2000 HIGH WATER Morning			Afternoon			LOW WATER Morning			Afternoon			SUN Rise	Set
	Time	Ht. mts.	Ht. feet	Time	Ht. mts.	Ht. feet	Time	Ht. mts.	Ht. feet	Time	Ht. mts.	Ht. feet	a.m.	p.m.
1 Sun	05 04	7.2	23.6	17 25	7.3	24.1	11 25	3.4	11.1				08 27	16 03
2 Mon	06 08	7.1	23.4	18 32	7.3	23.8	00 18	3.1	10.3	12 38	3.4	11.3	08 27	16 05
3 Tue	07 16	7.3	23.9	19 41	7.4	24.3	01 27	3.1	10.1	13 49	3.2	10.7	08 27	16 06
4 Wed	08 16	7.6	25.0	20 42	7.7	25.3	02 30	2.9	9.4	14 54	2.9	9.5	08 27	16 07
5 Thu	09 10	8.1	26.5	21 34	8.1	26.6	03 27	2.5	8.3	15 49	2.5	8.1	08 26	16 08
6 Fri	09 56	8.5	27.9	22 20	8.5	27.9	04 16	2.2	7.1	16 41	2.0	6.6	08 26	16 10
7 Sat	10 41	8.9	29.2	23 05	8.8	29.0	05 02	1.8	6.0	17 29	1.6	5.3	08 25	16 11
8 Sun	11 25	9.2	30.3	23 50	9.1	29.8	05 47	1.5	5.0	18 17	1.2	4.1	08 25	16 12
9 Mon				12 10	9.5	31.1	06 32	1.3	4.2	19 03	1.0	3.2	08 24	16 14
10 Tue	00 34	9.2	30.3	12 53	9.6	31.5	07 16	1.2	3.8	19 47	0.8	2.7	08 24	16 15
11 Wed	01 19	9.2	30.3	13 38	9.6	31.5	07 58	1.2	3.8	20 30	0.8	2.7	08 23	16 17
12 Thu	02 04	9.1	29.8	14 23	9.5	31.1	08 40	1.3	4.3	21 14	1.0	3.4	08 22	16 18
13 Fri	02 50	8.8	28.9	15 10	9.2	30.2	09 24	1.6	5.2	21 59	1.4	4.5	08 21	16 20
14 Sat	03 38	8.5	27.8	16 00	8.8	28.9	10 12	1.9	6.4	22 48	1.8	5.9	08 20	16 22
15 Sun	04 33	8.1	26.5	16 59	8.4	27.4	11 08	2.3	7.7	23 47	2.2	7.4	08 19	16 23
16 Mon	05 39	7.7	25.4	18 10	8.0	26.2				12 17	2.6	8.7	08 18	16 25
17 Tue	06 56	7.6	24.9	19 28	7.8	25.6	00 59	2.6	8.4	13 40	2.7	8.9	08 17	16 27
18 Wed	08 11	7.8	25.5	20 42	7.9	26.1	02 18	2.6	8.6	14 58	2.5	8.2	08 16	16 28
19 Thu	09 17	8.1	26.7	21 45	8.2	27.0	03 28	2.4	8.0	16 07	2.1	7.0	08 15	16 30
20 Fri	10 10	8.5	28.0	22 35	8.5	28.0	04 26	2.1	7.0	17 02	1.7	5.7	08 14	16 32
21 Sat	10 57	8.9	29.0	23 19	8.7	28.7	05 15	1.9	6.2	17 50	1.5	4.8	08 13	16 34
22 Sun	11 36	9.1	29.7	23 58	8.8	29.0	05 56	1.7	5.6	18 29	1.3	4.3	08 12	16 36
23 Mon				12 12	9.1	30.0	06 31	1.6	5.2	19 06	1.3	4.2	08 10	16 37
24 Tue	00 32	8.9	29.1	12 46	9.1	29.9	07 03	1.6	5.1	19 37	1.3	4.4	08 09	16 39
25 Wed	01 04	8.8	28.9	13 19	9.0	29.6	07 33	1.6	5.3	20 06	1.5	4.8	08 08	16 41
26 Thu	01 35	8.7	28.4	13 49	8.8	29.0	08 01	1.8	5.8	20 33	1.7	5.5	08 06	16 43
27 Fri	02 08	8.5	27.8	14 20	8.6	28.2	08 30	2.0	6.5	21 01	2.0	6.4	08 05	16 45
28 Sat	02 40	8.2	26.9	14 53	8.3	27.1	09 03	2.3	7.5	21 34	2.3	7.6	08 03	16 47
29 Sun	03 14	7.9	25.8	15 28	7.9	25.9	09 38	2.7	8.7	22 10	2.7	9.0	08 02	16 49
30 Mon	03 56	7.5	24.6	16 14	7.5	24.5	10 23	3.1	10.1	23 01	3.2	10.4	08 00	16 51
31 Tue	04 52	7.1	23.5	17 19	7.1	23.2	11 25	3.4	11.2				07 58	16 53

ADD ONE HOUR FROM 0100 MARCH 26th TO 0100 OCTOBER 29th

Tidenkalender Greenport, England

Eine Stunde ist von 26. März 1.00 Uhr bis 29. Oktober 1.00 Uhr hinzuzufügen

Betrachten wir den Morgen des 1. Januar. Um 5.04 Uhr wird in Greenport Hochwasser erreicht sein. Zu dieser Zeit wird der Wasserstand 7,2 m betragen. Dies ist die Relativhöhe des Kartennulls für Greenport. Das Kartennull bezeichnet den ungefähren, niedrigsten Wasserstand, (mittleres Springniedrigwasser), der ohne Berücksichtigung von Wind und Wetter (siehe Kap. 13, Luftdruck und Gezeiten) zu erwarten ist. Anhand der Höhe des Wasserstands von 3,4 m bei Niedrigwasser errechnen wir, daß der Tidenhub von Greenport 7,2–3,4 m oder 3,8 m sein wird.

Vergleicht man diese Zahl mit dem Tidenhub von 9,1 m minus 1,7 m (entspricht 7,4 m) am Morgen des 22. Januar, wird deutlich, daß der Tidenhub großen Schwankungen unterworfen ist. Wodurch kommen diese zustande?

Spring- und Nipptiden

Der Grund dafür sind die Anziehungskräfte von Sonne und Mond, die sich manchmal überlagern, so daß ein besonders starker Tidenhub erzeugt wird und sich manchmal gegenseitig abschwächen, so daß der Tidenhub kleiner wird. Stehen Sonne, Mond und Erde auf einer Achse, haben wir entweder Vollmond oder Neumond. Bei Vollmond beleuchtet die Sonne die gesamte, von der Erde aus sichtbare Oberfläche, während sie bei Neumond nur die erdabgewandte Fläche des Mondes erhellt, so daß wir von der Erde aus nur die dunkle Seite des Mondes sehen. In beiden Fällen summieren sich die Anziehungskräfte der beiden Himmelskörper auf die Erde und lassen den Tidenhub steigen. Diese Tiden werden als Springtiden bezeichnet.

Wenn Sonne und Mond einen rechten Winkel zur Erde bilden, spricht man von Halbmond; in dieser Stellung ist der Tidenhub am niedrigsten, und man bezeichnet ihn als Nipptide. Betrachten wir erneut den Tidenkalender des Monats Januar, so erkennen wir nun eine Springtide am 10./11. und am 23., und eine Nipptide am 2. und am 16. des Monats. Springtiden und Nipptiden treten also ungefähr einmal alle zwei

Ebbe und Flut können das Bild einer Küstenlinie sehr stark verändern.

Wochen und zweimal in einem Mondmonat auf.

Betrachten wir für den gleichen Monat das Datum des Voll- und Neumonds, so stellen wir fest, daß der Neumond auf den 7. und der Vollmond auf den 20. dieses Monats fällt. Somit fällt der größte Tidenhub auf den zweiten oder dritten Tag nach dem Voll- bzw. Neumond. Diese Tatsache kann sehr nützlich sein, da man durch die Beobachtung des Mondes den Tidenhub sehr gut einschätzen kann. Unglücklicherweise ist dieses Muster nicht so regelmäßig und einfach, wie es hier dargestellt wurde. Die relative Position des Mondes zur Erde verändert sich über das Jahr hinweg und erzeugt in manchen Zeiten höhere Springtiden als in anderen. Dies wird beim Vergleich der Tidenkalender eines Jahres deutlich. Der größte Tidenhub für Greenport beträgt im Sommer 10,3 m, während er am 22. Januar lediglich 7,4 m erreicht. Beide Tiden sind Springtiden.

Die Berücksichtigung der Gezeiten

Inwiefern ist nun der Seekajakfahrer von den Tiden betroffen? Zunächst einmal strömen die Wassermassen, die bedingt durch die Gezeiten steigen und fallen, an der Küste als Gezeitenstrom entlang. Bei Springtiden wird in derselben Zeit mehr Wasser bewegt, so daß die Gezeitenströme stärker sind. In Gegenden wie den Faröer-Inseln erreichen solche Gezeitenströme bis zu 12 Knoten; im Vergleich dazu schafft ein erfahrener Paddler in ruhigem Wasser gerade einmal 6 Knoten.

Die zweite Art und Weise, auf der die Gezeiten den Paddler direkt betreffen, besteht darin, daß bei Ebbe und Flut das Wasser verschieden weit zum Strand reicht. Zum Beispiel erstreckt sich der Strand im Südosten von La Rocque Point in Jersey, England, bei Niedrigwasser über zwei Meilen Sand und Felsen hinweg; bei starken Springtiden steigt das Wasser noch am selben Tag bis auf wenige Fuß auf die Höhe der Straße. Man stelle sich vor, sein Kajak bei Ebbe zum Auto tragen zu müssen! Ebenso könnte man bei Ebbe auf Lundy Island anlanden und einen Spaziergang über den Strand machen, während es bei Flut keinen Strand unterhalb der Klippen mehr gibt.

Das Wattenmeer der südlichen Nordseeküste ist eine Landschaft, die sich im Wechsel der Gezeiten völlig verändert. Wo sich eben noch eine durchgehende Wasserfläche befand, erstrecken sich wenige Stunden später ausgedehnte Sandflächen bis zum Horizont, die nur von einzelnen Wasserläufen durchzogen sind. Über diese sogenannten Priele läuft das Wasser oft mit großer Geschwindigkeit auf und ab. Das Wattenmeer erschließt sich nur dem Seekajakfahrer, der seine Tour zeitlich exakt auf den Wechsel von Ebbe und Flut anpasst.

Für einige Gebiete gibt es Gezeitenstromatlanten, die die Richtung des Gezeitenstromes für jede Stunde des Gezeitenzykluses durch Pfeile angeben. Die Stärke des Gezeitenstroms wird durch Fett- bzw. Halbfettdruck der Pfeile verdeutlicht. Die durchschnittliche Geschwindigkeit bei mittleren Nipp- und Springtiden wird an einigen Stellen als Zahlenwert angegeben. Zum Beispiel bedeutet ein Pfeil, neben den 06,17 gedruckt ist, eine mittlere Nipptide von 0,6 Knoten und eine mittlere Springtide von 1,7 Knoten. Wenn wir also anhand des Tidenkalenders überprüfen, ob Spring-, Nipp- oder mittlere Tiden zu erwarten sind und wir wissen, wann der höchste Wasserstand erreicht sein wird, können wir mit Hilfe der Gezeitenstromtafel ermitteln, welche Gezeitengeschwindigkeit in welcher Richtung für jede Tageszeit und für jeden Ort zu erwarten ist. Dies ist eine sehr nützliche

◇C 53° 10.0′ N 4° 6.2′ W			
		Rate (Kn)	
Hours	*Dir*	*Sp*	*Np*
Before HW 6	050	0.8	0.4
5	050	3.2	1.6
4	047	4.1	2.0
3	043	4.2	2.0
2	041	3.1	1.5
1	040	2.8	1.4
HW	220	2.0	1.0
After HW 1	222	1.0	0.5
2	218	3.3	1.6
3	216	4.1	2.1
4	217	4.2	2.1
5	218	3.3	1.6
6	055	2.8	1.4

Basis für die Planung einer Küstentour im Wechsel der Gezeiten.

Ähnliche Informationen liefert – allerdings in tabellarischer Form – die Seekarte (in Deutschland sind diese Zusatzinformationen in einem Begleitheft zum Sportbootkartensatz abgedruckt), die sich auf Punkte in der Karte bezieht, die mit einem Buchstaben in einem diamantförmigen Rhombus, z.B. ◇F gekennzeichnet sind. Die Tabelle sieht folgendermaßen aus:

Die Richtung bezieht sich auf rechtweisend Nord, so daß folglich eine 90°-Strömung nach Osten fließt. Bei Hochwasser z.B. fließt eine Strömung nach rechtweisend 220° mit ungefähr 2 Knoten bei Springtide. Zur Errechnung der Kompaßrichtung der Strömung muß die Mißweisung mit einbezogen werden.

Aus Gründen der Vereinfachung geht man davon aus, daß Richtung und Geschwindigkeit jeder Zeitangabe in der Tabelle für eine halbe Stunde vor und nach diesem Zeitpunkt konstant bleiben. Aus der Tabelle ersehen wir also, daß 4 Stunden vor HW die Springtide eine Geschwindigkeit von 4,1 Knoten erreicht und eine Stromrichtung von 47° hat. Es wird angenommen, daß diese Angaben für den Zeitraum zwischen 4½ und 3½ Stunden vor HW gültig sind.

Die Gezeitenstrominformationen beziehen sich für ein Kartengebiet jeweils immer auf einen einzigen Ort. In Großbritannien, zum Beispiel, ist das der Hafen von Dover, in der Deutschen Bucht die Insel Helgoland. Die Angaben müssen dann noch auf die lokalen Verhältnisse umgerechnet werden. **Gezeitenkonstanten** oder **Gezeitenunterschiede** werden den Tidenkalendern in der Regel beigefügt. Anhand dieser Werte können die Zahlen für Orte in der weiteren Umgebung errechnet werden, indem man sie von den Werten, die für einen bestimmten Ort gültig sind, subtrahiert oder sie dazuaddiert.

Eine weitere Darstellungsweise von Gezeitenströmen auf Seekarten erfolgt mit Hilfe einzelner Pfeile, die die Strömungsrichtung und manchmal auch die Strömungsgeschwindigkeit angeben. Ein Pfeil mit Befiederung gibt die Richtung der Flutströmung (auflaufende Tide) an. Ein Pfeil ohne Befiederung gibt die Richtung der Ebbe (ablaufendes Wasser) an. Die hier angegebenen Geschwindigkeiten von Spring- oder Nipptiden sind normalerweise Durchschnittswerte; die Befiederung der Pfeile steht im Gegensatz zu den Pfeilen in Wetterkarten in keiner Beziehung zur Gezeitengeschwindigkeit.

Sp1.5 Np0.7 → *(Strömungsrichtung der Flut)*

← *(Strömungsrichtung der Ebbe)*

Der nautische Kalender sowie Seehandbücher liefern ebenfalls Informationen über die Gezeiten. Segel- und Kajakführer, die nur ein kleines Gebiet beschreiben, vermitteln oft besonders für Bereiche, die in den Karten nicht ausreichend beschrieben sind, wichtige Details, wie zum Beispiel die Zeiten, an denen sich die Strömungsrichtung ändert, die Beschaffenheit von eventuell entstehenden Strudeln und die Bereiche, in denen bei Flut stürmische See herrscht.

Die Zwölferregel

Die sich stündlich verändernde Gezeitenhöhe kann mit Hilfe der Zwölferregel bestimmt werden. Diese Regel besagt, daß der Wasserstand in der ersten Stunde nach NW um ein Zwölftel des gesamten Tidenhubs steigen wird. In der zweiten Stunde wird er um weitere zwei Zwölftel steigen, in der dritten und vierten Stunde um drei Zwölftel; in der fünften Stunde steigt er um zwei Zwölftel und in der letzten Stunde bis HW um das verbleibende Zwölftel. Daraus ist ersichtlich, daß die Flut in den beiden mittleren Stunden des Tidenstiegs am meisten steigt. Das Fallen des Wassers folgt der gleichen Regel. Man könnte nun daraus schließen, daß sich die Tidenströmungen ebenso verhalten und die Strömung während der beiden mittleren Stunden von

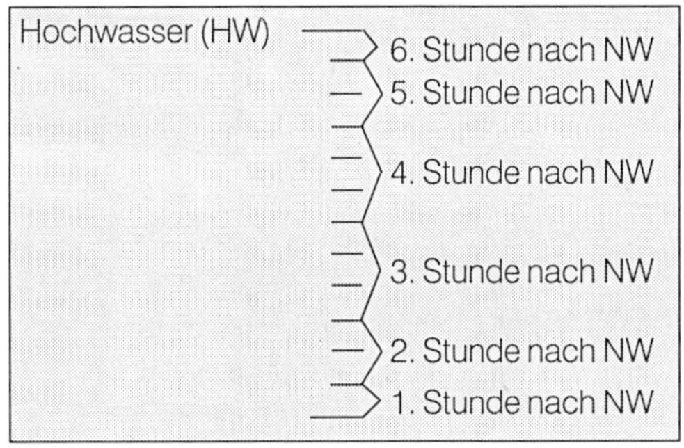

Die Zwölferregel

Ebbe und Flut am schnellsten ist. Dies ist jedoch nicht immer der Fall. In einigen Gebieten wird die Strömung gerade dann träger und erreicht ihre höchste Geschwindigkeit bei Hoch- bzw. Niedrigwasser. Man sollte daher immer die Gezeitenstromtabelle überprüfen!

Foto : Archiv P. Nicolai

Seekarten erschließen dem Seekajakfahrer eine Vielzahl von Informationen, die in normalen topographischen Karten nicht enthalten sind. Man sollte erstere daher auch verwenden.

Studiert man eine noch unbekannte Seekarte, so sucht man zunächst den Kartenkopf, der in einem Teil der Karte zu finden ist, in dem er keine wichtigen nautischen Informationen verdeckt. Er enthält eine Vielzahl nützlicher Angaben, so zum Beispiel, ob die Tiefen in Metern oder in Faden (1 Faden entspricht ca. 2 Metern) angegeben werden. Seekarten enthalten Wassertiefen, die unter Kartennull (Kartennull entspricht in der Regel der niedrigsten astronomischen Tide) und Höhen des trockenfallenden Bereichs, die über Kartennull gemessen werden. Alle Höhen über dem trockenfallenden Bereich werden normalerweise ab der Höhe des mittleren Hochwassers zur Springzeit gemessen. Darstellung und Quellen werden zusammen mit weiteren Informationen und wichtigen Warnungen im Kopf angegeben. Diese Daten sollten bei Zuhilfenahme unbekannter Seekarten zunächst überprüft werden.

Anschließend betrachtet man den Maßstab. Die meisten Seekajakfahrer arbeiten mit Seemeilen.

Eine Seemeile entspricht einem sechzigstel Grad oder einer Breitenminute. Die Breitengrade sind entlang der Seiten der Seekarte angegeben, und man muß die Distanz, die man an der Seite abgenommen hat, auf der Skala auf derselben Höhe an der Karte ablesen. Bei der winkeltreuen Mercatorprojektion, bei der die Erdrundung auf flaches Papier projiziert wird, weicht der Maßstab an einem Ende der Karte von dem am anderen Ende ab . Verwechseln Sie nie die Längengrade, die auf der Seekarte oben und unten angegeben sind, mit den Breitengraden. Der Längenkreis konvergiert zu den Polen hin und gibt keine Entfernungen in Seemeilen an. Messen Sie immer an der Seite der Seekarte.

Auf Seekarten mit metrischem Maßsystem wird Land mit gelber Farbe gekennzeichnet; die Gezeitenzone, die während der größten astronomischen Tide bei Flut mit Wasser bedeckt ist und bei Ebbe wasserfrei ist, wird grün abgesetzt. Das Meer erscheint in weiß; die 10 m-Tiefenlinie wird als blaue Linie eingezeichnet, und alle Bereiche, bis 5 m Tiefe, werden blau gefärbt. Alle weiteren Informationen sind in tiefroter oder schwarzer Farbe angegeben. Auf der Seekarte werden eine Vielzahl von Symbolen verwendet, so daß die britische Admiralität, bzw. das BSH (Bundesamt für Seeschiffahrt und Hydrographie) einen Schlüssel in Form einer Broschüre herausgegeben haben, der unter der Kartennummer 5011, bzw. Seekarte Nr. 1 im Handel erhältlich ist. Im folgenden werden einige der wichtigsten Symbole beschrieben:

2_5 Wasser bis zu einer Tiefe von 2,5 m unter Kartennull.

$\underline{3}_7$ Land, das bis auf eine Höhe von 3,7 m über Kartennull liegt. Dies ist eine trockenfallende Höhe über Kartennull.

 Stromkabbelung oder Overfall (siehe Kap. 12).

 (Sternchen in schwarz, Schweif in fuchsrot) markiert die Position eines Lichts .

 Kennzeichnet einen bei Kartennull 2 m oder weniger unter Wasser liegenden Felsen.

 Kennzeichnet einen bei Kartennull an der Wasseroberfläche liegenden Felsen.

Es gibt drei Gruppen von Meereswellen: windangeregte Wellen, die durch den Wind vor Ort entstehen; Dünung, die durch Winde, die weit entfernt stürmen, entsteht; und schließlich Wellen, die durch Wasserströmungen entstehen, wie z.B. Gezeiten- und Meeresströmungen.

Betrachten wir zunächst die Wellen im Tiefwasser. Den Wellentyp, der normalerweise dort vorherrscht, bezeichnet man als Gravitationswellen. Sie laufen noch weiter, selbst nachdem der Wind abgeflaut ist. Sie sind jedoch nicht so schnell wie der Wind, durch den sie entstanden sind. Trotzdem überholen sie des öfteren die Wettersysteme, um die die Winde zirkulieren und können das Festland lange vor der Wetterfront erreichen; dort sind sie die Vorboten. Oberflächenwellen dagegen sind kleine Wellen, die über die Oberfläche laufen und böigen Wind ankündigen. Sie laufen so schnell wie der Wind, der sie entstehen läßt und warnen so vor plötzlichen Windstößen. Sobald sich der Wind legt, flauen auch sie ab.

Die Höhe der Gravitationswellen hängt von verschiedenen Faktoren ab.

1. Windstärke. Je stärker der Wind, desto mehr Energie ist vorhanden, um Wellen aufzubauen. Die Windstärke wird daher anhand der Dünung bestimmt.

2. Windwirkstrecke (= Fetch). Es handelt sich hierbei um die Distanz, über die der Wind weht. Winde in Sturmstärke werden in kleinen Teichen nie große Wellen aufpeitschen können; anders jedoch auf offener See.

3. Winddauer. Bei stetigem Wind wird erst nach einiger Zeit die maimale Wellenhöhe erreicht. Bei Winden in Sturmstärke kann es 2 Tage dauern, bis die Wellen die maimale, der Windstärke entsprechende Höhe erreicht haben.

4. Die Höhe der Wellen wird gedämpft, wenn diese auf Wellen, einen Gezeitenstrom oder eine andere Strömung aus der Gegenrichtung treffen. Auch schwerer Regen oder Schnee haben diese Wirkung. Kommen Winde und Wellen aus derselben Richtung, ist die Wellenhöhe niedriger.

Vom Wind vor Ort aufgebaute Wellen sind eher unregelmäßig und chaotisch und besitzen scharfe Kämme, besonders während der Wind dreht. Der Wind ist von Wettersystemen, um die er herumzirkuliert, abhängig. Von den Wettersystemen laufen Wellen in alle Richtungen aus; manchmal laufen sie ineinander und verstärken sich; manchmal laufen sie gegeneinander und schwächen sich ab. Seefahrer bezeichnen diese recht chaotische Wellenbrutstätte als ‚See'. In einiger Entfernung dieses ‚Wellengenerators' beginnen die Wellen jedoch regelmäßiger zu werden und ein Muster zu bilden. Die Wellenkämme runden sich mehr und mehr ab. Man bezeichnet diesen Wellentyp als Dünung oder Schwell. Die Wellen können über Tausende von Meilen laufen, dabei erhöht sich ihre Länge (Abstand von einem Kamm zum nächsten) und ihre Geschwindigkeit. Bei junger Dünung sind die Wellen steiler, langsamer und kürzer, als bei ausgereifter. Ausgereifte Dünung erreicht Geschwindigkeiten von über 50 Knoten, und es sind Perioden (die Zeit des Durchgangs eines Wellenkammes bis zum nächsten) von 30 Sekunden gemessen worden.

Da Wellen mit unterschiedlichen Geschwindigkeiten laufen, holen die schnelleren Wellen langsamere ein und überholen sie. Wenn eine Welle eine andere einholt, erhöht sich die daraus resultierende Welle. Sind die Phasen der Wellen verschoben und ein Wellenkamm trifft auf ein Wellental aus einem anderen Wellenmuster, so heben sie sich gegenseitig auf. So entsteht eine Reihe größerer Wellen, die man als Reihe bezeichnet, gefolgt von einer Flaute, während der die Wellen merklich kleiner oder nicht vorhanden sind. Je mehr die Dünung ausgereift ist, desto länger dauern die Flauten zwischen den Wellenreihen. Aus diesem Grunde ist das Anlanden und Starten bei ausgereiftem Wellengang einfacher – vorausgesetzt, das ‚Timing' stimmt.

Manchmal trifft Dünung aus zwei völlig verschiedenen Richtungen aufeinander. Aus Gründen der Vereinfachung nehmen wir an, daß die Wellen im rechten Winkel aufeinander treffen. Trifft ein Wellenkamm auf ein Wellental, so hebt sich die Amplitude auf. Wenn jedoch ein Wellenkamm mit einem anderen Wellenkamm zusammentrifft, wird die Welle höher. Wo ein Tal ein anderes Tal kreuzt, entsteht ein besonders tiefes Loch. Die daraus resultierende See besteht dann nicht aus einfachen Wasserwänden, sondern aus einem Kreuzmuster von Wellenbergen. Eine solche Kreuzsee bietet nicht nur ein anderes optisches Bild, es ist auch anders, in ihr zu paddeln.

Brechende Wellen

1. Wellen im Flachwasser

Dünung beginnt ihre Form zu verändern, wenn die Wassertiefe unter die halbe Wellenlänge sinkt. Zum Beispiel wird eine Welle mit einer Länge von 90 m Grundberührung haben, wenn die Wassertiefe kleiner als 45 m ist. Bei Grundberührung verlangsamt sie sich, ihre Höhe nimmt zu, während ihre Länge abnimmt. Ist im Tiefwasser die Länge mindestens fünfzig Mal größer als die Höhe der Welle, so wird ihre Höhe beim Auftreffen auf flacheres Wasser ansteigen. Die Welle wird steiler, bis das Wasser ungefähr 1,3 mal so hoch ist wie die ursprüngliche Welle, dann bricht sie. Durch auflandige Winde können Wellen auch in tieferem Wasser brechen, selbst wenn die Wassertiefe die doppelte Wellenhöhe beträgt. Ablandige Winde können bei ausgereifter Dünung mit großen Wellenlängen ein Brechen verhindern, bis die Wassertiefe weniger als drei Viertel der Wellenhöhe beträgt.

Die Art und Weise, wie eine Welle bricht, wird durch die Struktur des Meeresgrunds bestimmt. An Surfstränden zum Beispiel, steigt der Boden sanft an, die Welle wird langsam steiler, bis sie in einiger Entfernung zum Ufer bricht. Steigt der Meeresboden steil an, wird auch die Welle abrupt steiler und fällt sofort darauf in sich zusammen; sie bricht mit eplosiver Kraft direkt auf den Strand. Solche Wellen bezeichnet man als Brecher oder Dumper. Sie können sehr gefährlich werden, da sie oft starke Unterströmungen (Strömungen, die am Meeresboden entlang ins offene Meer hinauslaufen) erzeugen.

Einzelne, unter der Wasseroberfläche liegende Felsen werden normalerweise auf der Seekarte eingezeichnet. Bei Dünung ist es wichtig, sich ihre Position gut einzuprägen. Die Felsen können von genügend Wasser bedeckt sein, so daß nur besonders hohe Wellen mit großer Kraft gebrochen werden und die kleineren Wellen ungestört darüberlaufen. In Amerika werden solche Wellen ‚Boomers' genannt. Ich selbst bin im Südwesten Cornwalls und in Island von solch einer hohen, brechenden Grundsee überrascht worden. Beide Situationen waren so dramatisch, daß ich sie nie vergessen werde. Vorsicht!

Es ist wichtig, sich die Symbole für die Felsen genau einzuprägen, die mit dem Gang der Tiden einmal über, einmal unter Wasser liegen, die bei Kartennull überspült sind, oder die bei Kartennull 2 m oder weniger unter Wasser liegen. Diese Felsen sind meistens für die Entstehung von Boomern verantwortlich, je nachdem, wie weit sie unter Wasser liegen und je nach Tidenstand. (Siehe Kapitel 11).

Wellen werden an Klippen und Steilküsten zurückgeworfen und treffen auf ankommende Wellen. Obwohl sich aufgrund der ausreichenden Wassertiefe jede einzelne der Wellen stabilisieren könnte, ist dies nicht mehr möglich, wenn sich zwei steile Wellen miteinander verbinden und sich dadurch noch höher auftürmen. Das Ergebnis ist eine plötzlich instabil werdende Wassermasse, die in alle Richtungen eplodiert. Dieses Phänomen bezeichnet man als Clapotis oder hohe brechene Kreuzsee.

2. Durch Wind hervorgerufene, brechende Wellen

Auf offener See bestimmt die Windgeschwindigkeit Beschaffenheit und Frequenz der brechenden Wellen. Wir schätzen die Windgeschwindigkeit, indem wir die Wellenbewegung einer solchen See beobachten. (Siehe Kapitel 13, Beaufort-Skala.)

3. Wellen, die durch strömendes Wasser entstehen

Wird eine Gezeitenströmung durch eine Engstelle in einem Kanal beschleunigt, so entstehen Wellen. Es handelt sich dabei normalerweise um steile, stehende Wellen, oft mit brechenden Kämmen, die den im Englischen sogenannten Haystacks oder stehenden Wellen auf Wildwasserflüssen ähnlich sind. Echte stehende Wellen bleiben in der Stromschnelle immer am selben Ort, auf dem Meer jedoch komplizieren die zusätzliche Dünung und windgetriebene Wellen das Muster, so daß wir dort Wellen haben, die stromaufwärts laufen. Eine solche Engstelle und das rauhe Wasser in ihrer Umgebung wird als starker Gezeitenstrom oder Stromkabbelung bezeichnet. Das schnellfließende Wasser wirkt ähnlich wie ein Strand, indem es die Basis der Welle so verlangsamt, als ob sie Grundberührung hätte. Dadurch türmt sich die Welle steiler auf – oft bis zu dem Punkt, an dem sie zu brechen beginnt, und der Abstand zwischen den Wellenkämmen wird verringert.

Clapotis tritt auf, wenn eine einlaufende Welle auf eine zurücklaufende Welle trifft. Die dabei entstehende Masse instabilen Wassers explodiert in alle Richtungen.

Ein sogenannter Overfall (Strömung über Untiefen) entsteht dort, wo Gezeitenströmungen über eine Kante oder Sandbank gedrückt werden. Die Beschleunigung des Wassers läßt Wellen entstehen, die jenen eines starken Gezeitenstroms ähneln. Baut sich Wasser jedoch hinter einer steilen Kante auf und fällt nach unten, dann entsteht ein vertikal zirkulierendes Kehrwasser. Man bezeichnet dieses Phänomen wie auch im Wildwasser als Walze. Die durch die Dünung hervorgerufene Interferenz läßt diese sich ständig brechende Welle an- und abschwellen, so daß die

Fallhöhe des Wassers und damit der Rücksog der Walze ständig wechselt.

Wellenablenkung (Wellenrefraktion)

Treffen Wellen auf eine Küstenlinie, so wird ein Ende zuerst Grundberührung haben und sich verlangsamen. Dadurch wird die Welle gezwungen, sich dem Küstenverlauf anzupassen. Dies bezeichnet man als Wellenablenkung oder Wellenrefraktion. Aufgrund der Wellenablenkung werden Wellen um über 180° um eine Landzunge herumgedrückt und erreichen so Strände, die eigentlich absolut geschützt liegen. Die Wellenablenkung kann Wellen so weit um Landzungen oder kleine Inseln herumzwingen, daß sie fast senkrecht auf die ‚geschützte' Seite auftreffen, und so Clapotis erzeugen. Die Refraktion ist auch für die Hufeisenform der Wellen, die über einzelne Felsen brechen, verantwortlich.

Die Wellenrefraktion an einem Surfstrand kann zur Entstehung von Konvergenzbereichen führen. Dort werden die Wellen zusammengedrückt und wachsen dadurch an. Ebenso möglich ist die Bildung von Divergenzbereichen, die Fahrwege zum Strand entstehen lassen, an denen es keine besondere Brandung gibt. Solche Divergenzhauptzonen sind ideale Start- und Anlandeplätze in Brandungszonen. Sie sind normalerweise nur an Stellen anzutreffen, an denen sich vor der Küste Sandbänke befinden.

Stromkabbelungen und Overfalls

Die typischen Merkmale von Stromkabbelungen (Gezeitenströme) ähneln denen von Wasser, das in einem Flußbett fließt. An Stellen, an denen der Fluß in seiner Tiefe oder Breite verengt wird, erhöht sich seine Fließgeschwindigkeit. Eine Stromkabbe-

*Eine **Walze**, die in einem Overfall unterhalb einer steilen Stufe entsteht.*

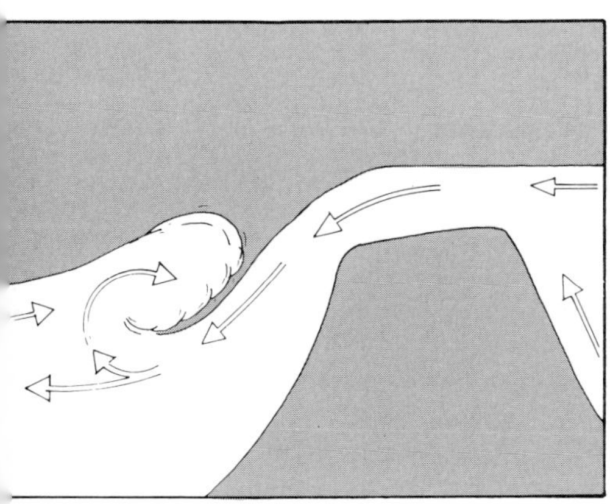

***Haystacks** entstehen in Overfalls, wenn schnellfließendes, auf engen Raum begrenztes Wasser auf tieferes Wasser trifft. Haystacks bilden sich aber auch in Flußbetten, flußabwärts von Verengungen und man bezeichnet sie dann als steile, stehende Wellen.*

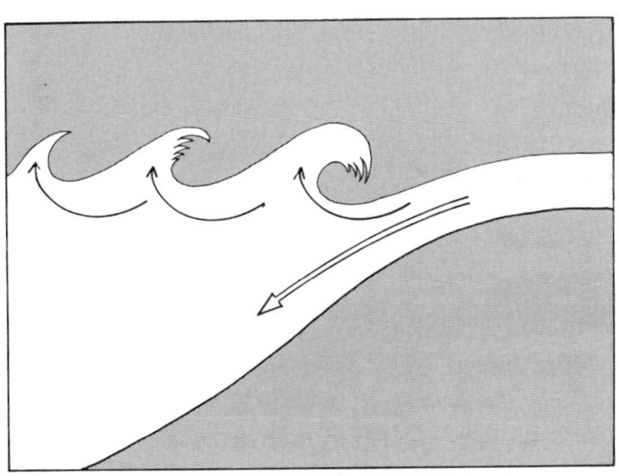

lung entsteht zwischen zwei Ufern oder durch Wasser, das um eine Landspitze herumgedrückt wird. Man bezeichnet sie als Overfall, wenn eine Verringerung der Wassertiefe vorliegt.

Diese starken Strömungen und auch die Overfalls sind potentielle Gefahrenstellen, an denen vor allem bei Dünung oder Wind besondere Vorsicht angebracht ist. Die See gebärdet sich am unruhigsten, wenn der Wind gegen den Flut- oder Ebbstrom bläst. Sie ist sehr viel rauher, als es bei der herrschenden Windgeschwindigkeit zu erwarten wäre. Selbst eine leichte Brise gegen einen Strom oder einen Overfall reicht aus, um sie aufzupeitschen. Obwohl ein Wind, der mit dem Flut- oder Ebbstrom bläst, die Wellen glättet, ist die See an jenen Stellen mit großer Wahrscheinlichkeit rauher als in anderen Bereichen. Wellen brechen gegen die Tide; paddelt man also mit dem Strom, so erwischt man die brechenden Wellen von vorne.

Plant man eine Tour, die auch durch solche Gegenden führt, sollte man über die Windrichtung relativ zur eakten Strömungsrichtung in der Stromkabbelung oder im Overfall genau Bescheid wissen, da die Strömungsrichtung nicht immer der Küstenlinie folgt. Rettungsaktionen in Stromkabbelungen und Overfalls können zu Problemen führen; deshalb sollte man in der Lage sein, das Können der einzelnen Gruppenmitglieder einzuschätzen und im Zweifelsfall abwarten, bis der Strom nachgelassen hat oder den gefährlichsten Bereich

Durch die Wellenreflexion an einer kleinen Insel (links im Bild) entsteht dahinter Clapotis.

Wellenablenkung

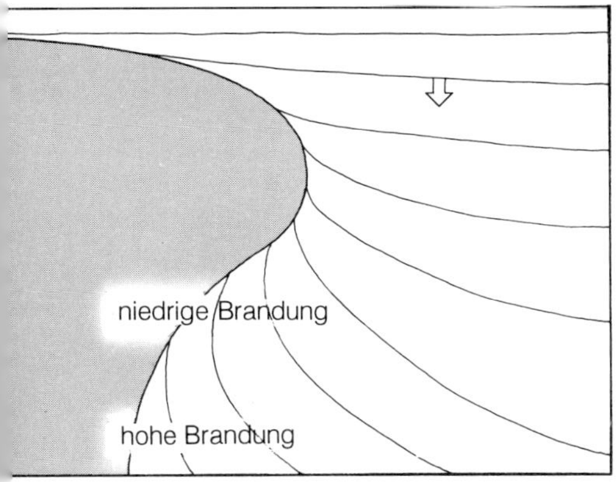

Wellenreflexion an einer Landzunge.

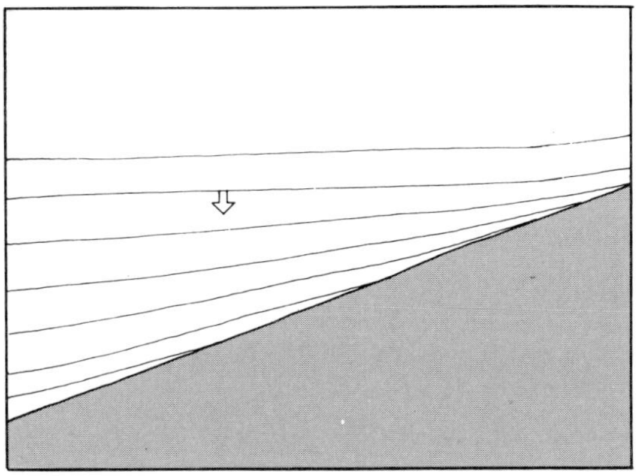

Wellenreflexion

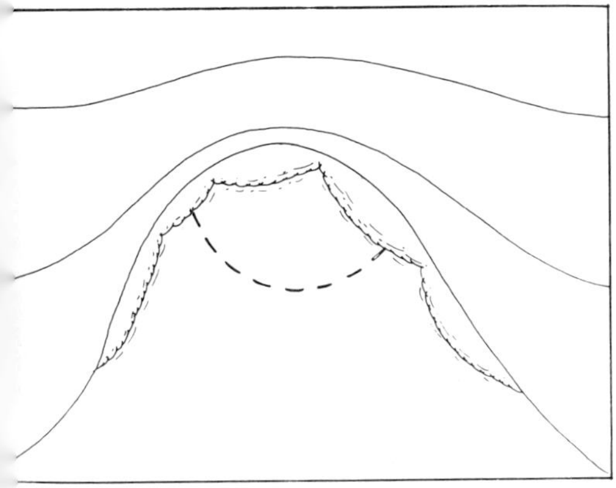

Hufeisenförmige Brandungslinie über einer Sandbank durch Wellenreflexion.

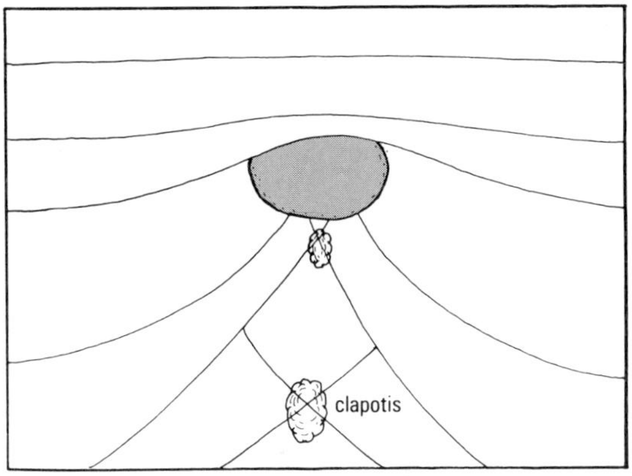

Reflexion an einer kleinen Insel, durch die dahinter Clapotis entsteht

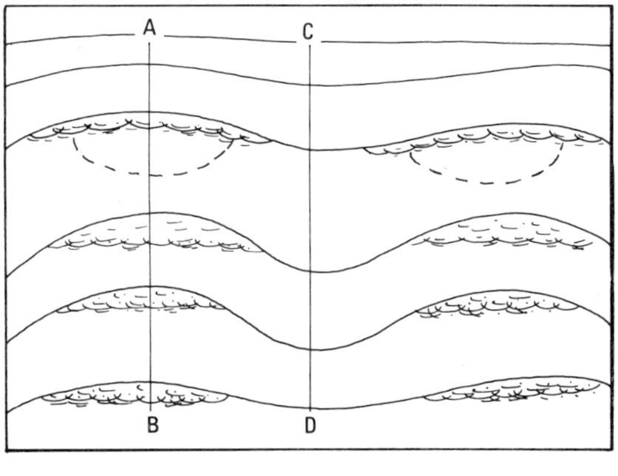

Konvergenz an der Linie A-B und Divergenz an der Linie C-D. Divergenz gewährleistet in diesem Fall einen geschützten Kurs aufs offene Meer.

Am unteren Ende einer Stromkabbelung

umgehen, indem man sich nahe am Ufer hält oder weit auf das Meer hinausfährt, wo die Strömung bereits sehr viel schwächer sein kann. Man sollte sich den Tourenführer gut durchlesen und möglichst vor Ort Erkundigungen einholen.

Stromkabbelungen

Stromkabbelungen können dem erfahrenen Paddler sehr viel Paddelspaß bereiten. Es handelt sich dabei um eine glatte, schnellfließende Strömung, die stromabwärts einer Verengung eine Reihe stehender Wellen bildet. Die weiter stromaufwärts gelegenen Wellen sind in der Regel die größten; je weiter man sich von der Verengung entfernt, desto kleiner werden sie. Die Kräfte einer starken Stromkabbelung sind über mehrere Meilen spürbar. Die ersten Wellen eignen sich normalerweise zum Surfen am besten, deshalb sollte man sich möglichst auf eine der ersten Wellen setzen, bevor man zu weit abgetrieben wird. Eine Rückkehr zum Ausgangspunkt ist oft schwierig oder unmöglich. Beim Surfen behält man die vor dem Kajak liegenden Wellen im Auge. Die sich kreuzenden Wellenmuster erzeugen selten eine saubere Welle. Deshalb sollte man immer das tiefste Wellental anvisieren, und nicht über seine Schulter nach hinten sehen, um nach einer besseren Welle stromabwärts Ausschau zu halten.

Die für eine Landspitze typischen Strömungsverhältnisse werden durch eine kleine vorgelagerte Insel verändert.

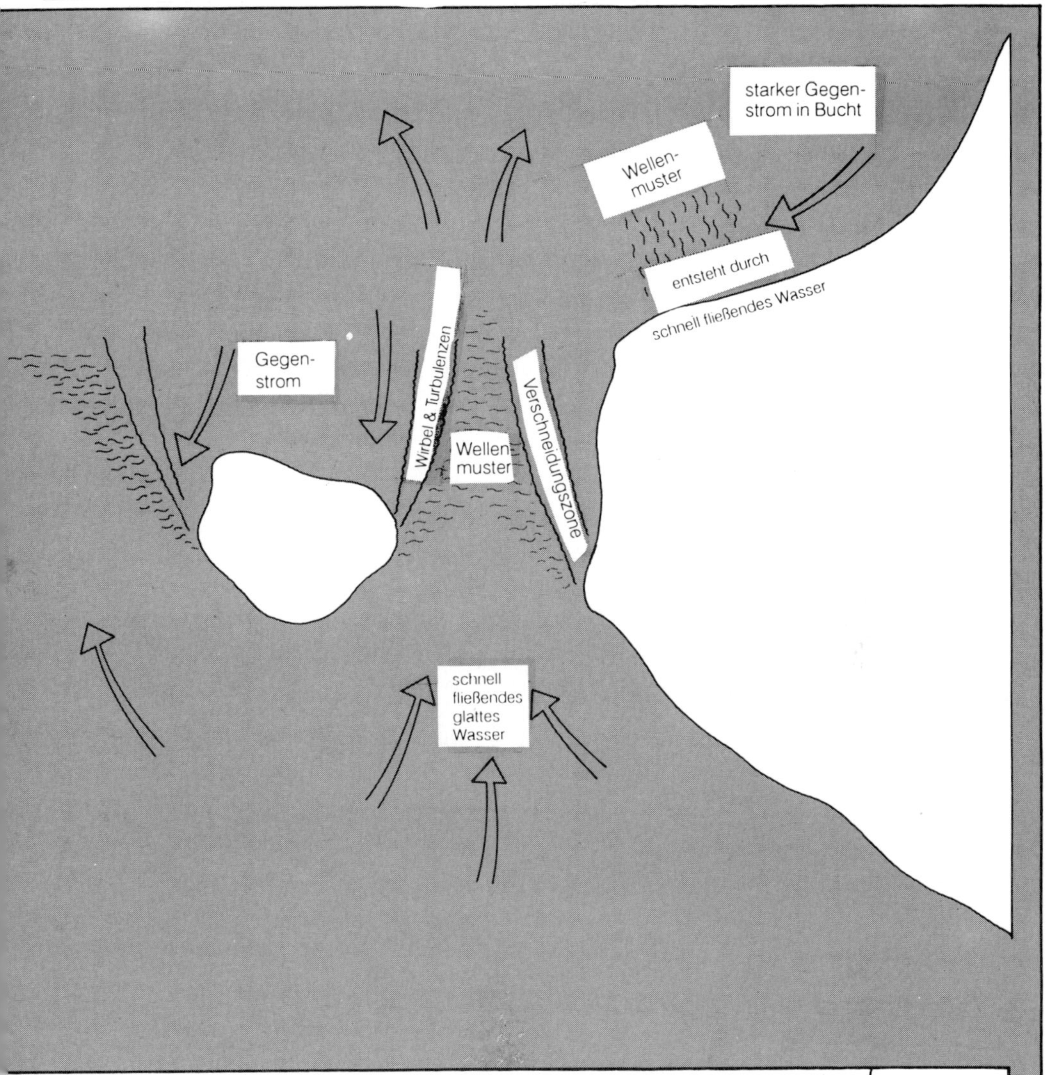
starker Gegen-
strom in Bucht
Wellen-
muster
entsteht durch
schnell fließendes Wasser
Gegen-
strom
Wirbel & Turbulenzen
Wellen-
muster
Verschneidungszone
schnell
fließendes
glattes
Wasser

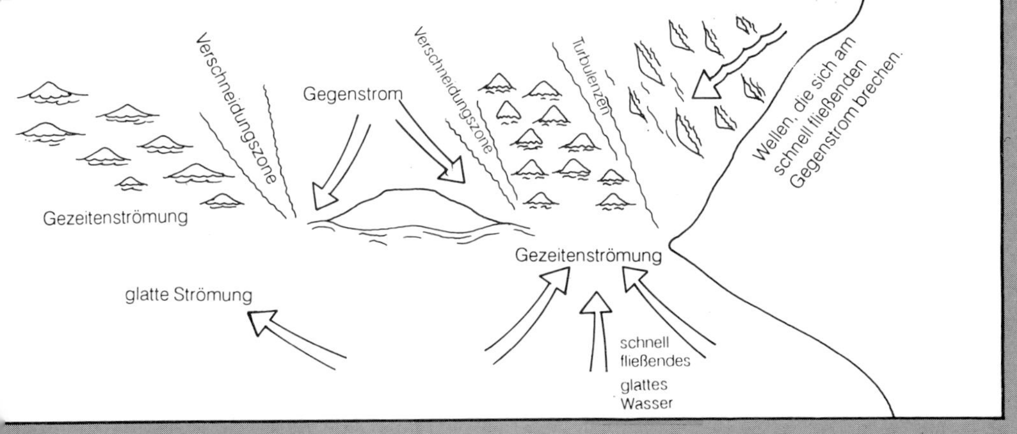
Verschneidungszone
Gegenstrom
Verschneidungszone
Turbulenzen
Wellen, die sich am
schnell fließenden
Gegenstrom brechen.
Gezeitenströmung
Gezeitenströmung
glatte Strömung
schnell
fließendes
glattes
Wasser

Steile, hohe Wellen erwecken den Anschein, als ob es nur einiger Paddelschläge bedürfe, um sich zum Surfen daraufsetzen zu können; tatsächlich ist es jedoch aufgrund der Tidengeschwindigkeit, die durch die Wellen läuft, sehr viel schwieriger und anstrengender. Sitzt man erst einmal auf einer Welle, kann man die Fahrt so lange genießen, bis das Kajak den Anfang der Strömung fast erreicht hat. Die Fahrt endet vor dem Bereich glatten Wassers, der den Wellen vorausgeht.

Wenn die Tide ihre Höchstgeschwindigkeit noch nicht erreicht hat, geht das Surfen normalerweise am besten. Bei sehr schnellen Tidenströmen ist es schwierig, sich auf Wellen zu setzen, es sei denn, diese haben gerade den Punkt erreicht, an dem sie sich brechen. Für die Paddler, die die Fahrt mit dem Strom lieben, ist das Abfahren auf dem Höhepunkt des Tidenstroms nur zu empfehlen.

Overfalls

Overfalls besitzen ähnliche Eigenschaften wie Stromkabbelungen. Trotzdem unterscheiden sie sich in einigen wichtigen Punkten. Wasser, das über Felsen und Kanten fließt, kann vertikale Wirbel oder Walzen mit Rücklauf erzeugen (Wasser, das am Boden stromabwärts fließt, nach oben steigt, und wieder zum Scheitelpunkt zurückläuft). Wo Felsen aus dem Wasser ragen, erzeugen die Stromschnellen, die dazwischen hindurchschießen, kräftige Gegenströme mit Pilzen und Wirbeln. Die Verschneidungszonen schaffen zwischen Kehrwasser und Strömung ein beeindruckend turbulentes Niemandsland. Erst die Kehrwasser hinter ausgesetzten Felsen machen Overfalls zu attraktiven Spiel- und Trainingsplätzen. Nach einer anstrengenden Surffahrt kann sich der Paddler in einem Kehrwasser ausruhen, das ihn wieder zur Spitze der Stromschnelle zurückträgt. Da höhere Wellenreihen Felsen freilegen können, die knapp unter der Wasseroberfläche liegen, ist es sicherer, bei Flut in Overfalls zu spielen, da man so die Lage der Felsen von Anfang an erkennt.

Beim Ausfahren aus einem Kehrwasser in die Hauptströmung bekommt das Kajak leicht Oberwasser und droht zu kentern. Daher sollte man nicht vergessen, das Kajak stromabwärts zu kanten. Es gibt drei verschiedene Möglichkeiten aus einem Kehrwasser auszufahren.

Man fährt mit der Bootsspitze stromauf aus dem Kehrwasser und läßt das Kajak beim Überqueren der Verschneidungszone von der Strömung drehen. Der Winkel beim Einschwingen sollte ungefähr 45 Grad zur Strömung betragen. Man paddelt zügig in die Hauptströmung, und in dem Moment, in dem der Bug von dieser erfaßt wird und das Kajak stromabwärts gedreht wird, kantet man stromabwärts und setzt auf derselben Seite eine flache Paddelstütze an. Das schnellfließende Wasser wird das Kajak von selbst drehen; der Paddler muß lediglich das Gleichgewicht halten und in die Strömung paddeln, bevor das Kajak vollständig stromabwärts gedreht ist. Läßt man das Kajak zu früh stromabwärts drehen, kann es in der Verschneidungszone hängenbleiben.

Eine weitere Möglichkeit ist, wie oben beschrieben, in Richtung Hauptströmung zu paddeln, dabei jedoch den Anstellwinkel beizubehalten, bis das Kajak vollständig in der Hauptströmung liegt. Auf diese Weise kann man sein Boot zum Surfen sehr leicht auf Wellen setzen. Das Kajak sollte auch hier angekantet werden, lediglich der Winkel, in dem man in die Hauptströmung einfährt, wird auf unter 45 Grad verringert. Je kleiner der Winkel ist, desto besser. Während der Bug die Verschneidungszone überquert, wird das Kajak von der Strömung weggekantet, und man führt

Einschwingen in den Strom aus einem Kehrwasser. Das Boot fährt mit der Spitze stromauf in die Hauptströmung ein. Der Paddler läßt das Kajak von der Strömung stromabwärts drehen. Sobald der Bug von der Hauptströmung erfaßt wird und das Kajak zu drehen beginnt, kantet man es stromab und setzt eine flache Paddelstütze an. Nun paddelt man in die Hauptströmung hinaus, bevor das Kajak komplett um 180 Grad herumgeschwenkt ist.

Überqueren einer Verschneidungszone. Das Kajak nähert sich mit der stromauf gerichteten Spitze der Verschneidungszone. Der Anstellwinkel wird beim Einfahren beibehalten, bis sich das Kajak vollständig in der Hauptströmung befindet. Sobald der Bug die Verschneidungszone überquert, wird das Kajak von der Strömung weggekantet, und man führt einen Bogenschlag vorwärts auf der stromabwärts gelegenen Seite aus; anschließend paddelt man normal weiter.

einen Bogenschlag vorwärts auf der stromabwärts liegenden Seite aus, bevor man zum normalen Vorwärtspaddeln übergeht. Überquert man die Verschneidungszone mit höherer Geschwindigkeit, kann die Strömung das Kajak nicht herumschwenken. Die Bootsspitze bleibt stromaufwärts gerichtet, und man führt eine Seilfähre quer zur Strömung aus.

Die dritte Möglichkeit besteht darin, die Verschneidungszone diagonal mit stromabwärts gerichteter Bootsspitze zu überqueren. Auf diese Weise muß das Kajak nicht angekantet werden. Je weiter man sich von dem Hindernis, das das Kehrwasser verursacht, entfernt, desto breiter wird die Verschneidungszone, so daß das Kajak leichter herumgedreht oder an der Verschneidungszone entlanggetrieben werden kann, anstatt diese zu überqueren.

Verschneidungszonen können hinter einem Hindernis schmal und eakt definiert sein. Hier kommt es oft vor, daß das Kehrwasser niedriger ist als die Hauptströmung, so daß man in die Hauptströmung ‚hinauffahren' muß. Weiter stromabwärts wird die Verschneidungszone oft breiter als eine Seekajaklänge, sie ist dann voller Pilze und Stromwirbel. Noch weiter stromabwärts verliert die Gegenströmung und somit auch die Verschneidungszone ihre Kraft.

Sicherheit

Stromkabbelungen und Overfalls können Probleme verursachen. Es ist nicht immer einfach, die an einem Ort vorherrschenden Bedingungen vorherzusagen, wenn das Meer an einem anderen Ort ruhig ist. Man sollte daher nach Anhaltspunkten suchen, wie zum Beispiel eine leichte Dünung, die das Boot sanft und nahezu unmerklich hebt und senkt, die aber in Stromkabbelungen und Overfalls zu schwerer See werden kann. Dünung läßt sich oft am leichtesten in der Nähe von Felsen und Klippen feststellen, an denen das schäumende Wasser mit erstaunlicher Kraft hochspritzt. Nähert man sich dem Strom, sollte man sich bereits eine Strategie zurechtgelegt haben und die ausgewählte Route noch einmal genau überprüfen. Bestehen Zweifel bezüglich der Sicherheit der Route, so sollte man sich aus der Gefahrenzone zurückziehen, bevor es zu spät ist. Das glatte Wasser in der Nähe einer Strömung kann sehr schnell fließen! Einigen Sie sich auf die Verwendung von Handzeichen. Im Falle einer Kenterung ist der Havarist sehr viel besser sichtbar, wenn er sein Paddel senkrecht über dem Kopf hält. Ein umgekipptes Kajak mit Schwimmer kann selbst auf kurze Distanz schwer auszumachen sein. Unter rauhen Bedingungen ist es oft weder angebracht noch sicher, nahe genug zusammenzubleiben, um sich mit Rufen und Pfeifen verständigen zu können. Hochseerettungen können ebenfalls schwierig und gefährlich sein. Man benötigt eine lange Schleppleine, um einen Schwimmer in ruhigeres Wasser zu bringen, oder um abzuwarten, bis er durch den schlimmsten Bereich einer Stromkabbelung hindurchgespült worden ist.

Beim Einfahren in eine schnelle Strömung kann eine Gruppe sehr leicht auseinandergezogen werden. Ein Seekajak legt in einer Stromkabbelung 100 m in 15 Sekunden zurück. Diesen Zeitraum benötigt der nächste Paddler allein, um sich auf das Überqueren der Verschneidungszone vorzubereiten. Gruppen, die nahe zusammenbleiben wollen, sollten die Verschneidungszone entweder gleichzeitig oder in sehr kurzen Abständen überqueren und dabei einen spitzen Winkel wählen, um in der Strömung zu seilfähren. Die Gruppenmitglieder können dann ihre Boote gleichzeitig stromabwärts drehen lassen und weiterpaddeln.

Im Falle einer Kenterung ist ein senkrecht nach oben gehaltenes Paddel selbst auf kurze Distanz sehr viel besser sichtbar als Kajak und Schwimmer.

Um sein Selbstvertrauen zu stärken, zieht man in Stromkabbelungen zunächst einige Kreise. Dabei fährt man am Ende des Kehrwassers in die Hauptströmung ein, paddelt durch die Wellen und schwingt weiter stromabwärts wieder in das Kehrwasser ein. Dies ist die einfachste Übung. Als nächstes läßt man sich anstatt zu paddeln von der Strömung nach unten tragen und setzt das Paddel nur ein, wenn es absolut erforderlich ist. Dann läßt man sich seitlich durch die Strömung ziehen und setzt, falls notwendig, eine Paddelstütze an oder paddelt vorwärts oder rückwärts, um brechenden Wellenkämmen auszuweichen. Schließlich läßt man sich rückwärts durch die Strömung treiben und versucht dabei, einige Wellen abzusurfen.

An kleinen Landspitzen entstehen während der Springtiden oft geeignete Strömungen, die in Seekarten nicht immer als Overfalls oder starke Strömungen eingetragen sind. Solche Bereiche können dort, wo das Wasser nicht zu schnell fließt, gute Trainingsmöglichkeiten bieten. Suchen Sie klar definierte Kehrwässer, in denen sich die Gruppe ausruhen und sammeln kann. Versuchen Sie, Deckpeilungen am Ufer und gleichzeitig andere Peilungen hinter dem Boot auszumachen, um eine Orientierung zu erleichtern.

Schließlich sollte man auch nicht vergessen, daß die Kraft einer Strömung von folgenden Faktoren abhängt:

1. Windstärke und Windrichtung
2. Dünung

3. Kraft der Gezeiten; nicht nur von Spring- oder Nipptiden, sondern auch davon, in welchem Stadium sich Ebbe bzw. Flut befinden. Man sollte sich vor Ort über jede Strömung und jeden Overfall informieren. Zum Beispiel entsteht der Penrhyn Mawr Overfall bei Anglesey nur bei Hochwasser, da dieser Bereich bei Ebbe von der Kraft der Gezeiten durch eine Landspitze im Norden abgeschirmt ist. Die Strömung an den Bitches, einem Overfall im Ramsey Sound in Pembrokeshire, ist bei Flut am schnellsten. Hin und wieder wird Paddlern, die hier für diese Zeit mit schwachen Strömungen gerechnet haben, angst und bange!

4. Höhe der Tide. Bei einigen Overfalls bestehen nur bei bestimmten Wassertiefen gute Bedingungen; bei Nipptiden dauern diese Perioden länger als bei Springtiden.

Im Mittelmeer entlang der türkischen Küste.

13 Das Wetter

Bevor man in See sticht, sollte man den Wetterbericht überprüfen. Um eine Vorhersage einschätzen zu können, bedarf es einigen Grundwissens. Nach und nach wird man ein gutes Gespür für die Wetterbedingungen entwickeln. Man benötigt jedoch einige Erfahrung.

Die Beaufort-Skala

Windstärke	Geschwindigkeit (Knoten)	Beschreibung	Zeichen auf See	Bezeichnung des Schwells
0	< 1	ruhig	spiegelglatte See	glatt
1	1-3	leichter Luftzug	Kräuselwellen	sehr ruhig
2	4-6	leichte Brise	kleine, kurze Wellen, Kämme sehen glasig aus, brechen nicht	ruhig
3	7-10	schwache Brise	Wellenbildung, Kämme beginnen zu brechen, Schaum glasig	ruhig
4	11-16	mäßige Brise	kleine Wellen werden länger, weiße Schaumköpfe ziemlich verbreitet	leicht bewegt
5	17-21	frische Brise	Mäßige Wellen, die ausgeprägte, längere Form annehmen, überall weiße Schaumköpfe	mäßig bewegt
6	22-27	starker Wind, steife Brise	lange Wellen beginnen sich zu bilden, Kämme brechen, und hinterlassen größere, weiße Schaumflächen, etwas Gischt	ziemlich grob
7	28-33	steifer Wind	Schwell türmt sich auf, dabei entsteht weißer Schaum	grob
8	34-40	stürmischer Wind	mäßig hohe Wellenberge mit langen Kämmen, viel Gischt	hoch
Mit Windstärke 8 ist eine sinnvolle Obergrenze für die meisten Paddler auf offener See erreicht. Da es zwei Tage dauert, bis die Wellen ihre maximale Höhe erreichen, können die Bedingungen in Windstärke 8 sehr stark variieren.				
9	41-47	Sturm	hohe Wellenberge, dichte Schaumstreifen in Windrichtung	
10	48-55	schwerer Sturm		sehr hoch
11	56-63	orkanartiger Sturm		äußerst schwer
12	>63	Orkan		

Wind

Der Wind ist beim Seekajakfahren einer der wichtigsten Einflußfaktoren. Die Bezeichnung des Windes bezieht sich auf die Richtung, aus der er weht: ein Südwind kommt aus Süden. Die Windgeschwindigkeit wird normalerweise in der Beaufort-Skala als Zahl oder in Geschwindigkeit in Knoten ausgedrückt.

Die Windgeschwindigkeit ist vom Druckgradienten abhängig; je höher der Druckgradient, desto stärker ist der Wind. Der Druckgradient ist definiert als Luftdruckdifferenz über eine bestimmte Strecke. Bei einer Differenz von zum Beispiel 8 Millibar über 50 Meilen ist der Wind schwächer als bei einer Differenz von 12 Millibar.

Dreht sich die Windrichtung im Uhrzeigersinn zum Beispiel von Süd nach Südwest, so bezeichnet man dies als rechtdrehend, dreht sie sich gegen den Uhrzeigersinn, als rückdrehend. Ein Wind würde zum Beispiel von Süden nach Südosten rückdrehen.

Der Wind, der über das Meer bläst, braucht einige Zeit, um den für die jeweilige Windgeschwindigkeit maximalen Schwell zu erzeugen. Der Schwell wird aber sein Maximum nur bei ausreichend großer Windwirkstärke erreichen (siehe Kapitel 12). Obwohl ein ablandiger Wind im Uferbereich Gischt aufspritzen läßt, erzeugt er nur kleine, windgetriebene Wellen. Paddelt man weiter hinaus, wächst die Wellenhöhe mit der Windwirkstärke. Bei ablandigem Wind ist also Vorsicht geboten, da das ruhige Wasser im Uferbereich trügt. Ein Havarist wird in immer rauher werdende See getrieben und Entfernungen vom Ufer erscheinen viel länger, wenn man gegen den Wind zurückpaddelt. Man spricht hier von einer *Luvküste*. Bei auflandigem Wind ist der herrschende Schwell besser einzuschätzen, man spricht von einer *Leeküste* oder Legerwall.

Bergige Küstengebiete können lokale Winde sehr stark beeinflussen. Auflandige Winde werden entlang der Küste abgelenkt, und wenn sie in einem spitzen Winkel von unter 22,5° auch nur auf eine flache Küste treffen, erhöhen sie ihre Geschwindigkeit dann sogar um 5–10 Knoten. Ablandige Winde können um Gebirgsmassive herumwehen. Sie werden durch Lücken hindurchgedrückt und wehen an der Küste oft aus verschiedenen Richtungen. Bei steilen Gebirgen können die Windgeschwindigkeiten unter solchen Umständen von 3–4 auf Windstärken von 9–10 anwachsen. Abwinde können sehr unvermittelt auftreten. Sie erreichen große Stärken, obwohl die allgemeine Wettervorhersage solche Bedingungen nicht vorausgesagt hatte. Man sollte ablandige Winde an steilen, hohen Küsten also nicht unterschätzen.

Seehandbücher geben häufig Gebiete an, die für heftige Böen bekannt sind, oder in denen oft Fallwinde auftreten. Fallwinde entstehen durch kalte Luft, die aufgrund der Schwerkraft von den Bergen herunterströmt und sich dort, wo die Täler bis an die See reichen, mit den Talwinden zu stürmischen Winden vereinigen. Sie sind in Grönland, Norwegen und der Antarktis berüchtigt.

Sicht

Für den Seepaddler sind auch die Sichtverhältnisse von Bedeutung. Was ist der Unterschied zwischen Dunst und Nebel? Dunst entsteht normalerweise durch Staubpartikel; er beschränkt die Sicht auf ca. 2000 m. Nebel besteht aus Wasserdampf, er schränkt die Sicht auf unter 1000 m ein.

Bezeichnet der Wetterbericht die Sicht als ‚hervorragend', beträgt sie mehr als 30 Seemeilen, als ‚sehr gut' bis zu 30 Seemeilen, als ‚gut' bis zu 5 Seemeilen, als ‚mäßig' bis zu 4–2 Seemeilen und als ‚schlecht' weniger als 2 Seemeilen.

Sicht

>	25 sm	außergewöhnlich gute Sicht
>	10 sm	sehr gute Sicht
>	5 sm	gute Sicht
>	2 sm	mäßige Sicht
>	1 sm	schwach diesig
>	0,5 sm	diesig
>	500 m	dünner Nebel
>	200 m	mäßiger Nebel
>	50 m	starker Nebel
<	*50 m*	*dicker Nebel*

Tiefdruckgebiete

Tiefs sind Gebiete, in denen ein geringer Luftdruck herrscht, und um die der Wind in der nördlichen Hemisphäre im Gegenuhrzeigersinn herumweht. Sie sind in der Regel an einen Bereich warmer, tropischer Luft gekoppelt, der von kühlerer Polarluft umgeben ist. Die vordere Front des warmen Bereichs ist allgemein als Warmfront bekannt, in der sich feuchte, warme Luft mit kühlerer vermischt und in Form von Wolken und normalerweise auch von Regen kondensiert. Die Front kühlerer Polarluft, die dem warmen Sektor folgt, ist als Kaltfront bekannt. Diese Kaltfront schwingt normalerweise hinter Tiefdruckgebieten vom Westen her ein und bringt heftige Regengüsse mit. Kaltfronten bringen oft plötzliche Erhöhungen der Windgeschwindigkeit und Änderungen der Windrichtung mit sich; die Windstärke baut sich jedoch häufig schnell wieder ab.

Hochdruckgebiete

Ein Tief oder Tiefdruckgebiet bezeichnet man auch als Zyklone. Eine Antizyklone ist ein Hochdruckgebiet. In der nördlichen Hemisphäre zirkulieren die Winde im Uhrzeigersinn, in der südlichen Hemisphäre im Gegenuhrzeigersinn. Hochdruckgebiete entstehen in der Regel über Landmassen; sie bewegen sich langsam vorwärts und sorgen so für eine stabilere Wetterlage. Tiefdruckgebiete schieben die Hochdruckgebiete nicht weg, sondern neigen dazu, sich um diese herumzubewegen.

Wettervorhersage

Bei der Planung einer Seekajaktour sollte man neben der langfristigen auch die kurzfristige, genauere Wettervorhersage mit einbeziehen, die von Radio, Telefondienst, Zeitungen und Fernsehen ausgegeben wird, um sich einen guten Überblick über die Wetterlage zu verschaffen. Unterwegs liefert die aufgezeichnete telefonische Wetteransage und die Seewettervorhersage im Radio die besten Informationen. Das Radio kann man überall hin mitnehmen, und man kann die Wettervorhersage zu bestimmten regelmäßigen Zeiten auch bequem im Zelt auf einer unbewohnten Insel abhören. Die Telefonansage wiederum kann zu jeder Zeit in Anspruch genommen werden... vorausgesetzt, es gibt ein Telefon!

Auf größeren Expeditionen in einsamen Gegenden kommt es vor, daß es keine Wettervorhersage gibt, oder daß sie in einer anderen Sprache ausgestrahlt wird. In so einem Fall sollte man in der Lage sein, das Wetter mit Hilfe der Wolken, Änderungen in der Windrichtung und durch Überprüfung der Temperaturveränderungen und des Atmosphärendrucks zu bestimmen. Um diese Fähigkeit zu trainieren, muß man nicht in der Wildnis sein. Man vergleicht dazu die

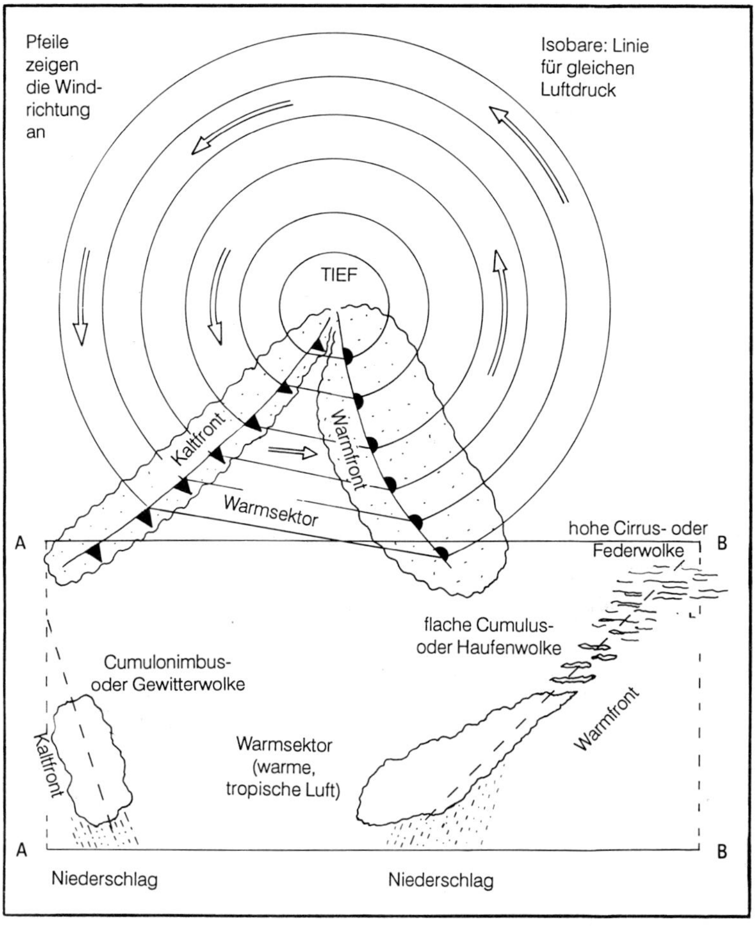

Ein Tiefdruckgebiet in der nördlichen Hemisphäre mit Warm- und Kaltfronten.

Wettervorhersage mit der herrschenden Wetterlage, sucht nach Anzeichen für Warm- und Kaltfronten und beobachtet das Barometer, während Tiefdruckgebiete über das Gebiet hinwegziehen. Schon sehr bald wird man ein Gespür entwickeln.

Luftdruck und Gezeiten

Bei hohem Luftdruck wird der Meeresspiegel nach unten gedrückt, während er bei niedrigem Luftdruck steigt. Ein Atmosphärendruck von 1030 Millibar verringert die Tidenhöhe von Ebbe und Flut um 30 cm; bei einem Druck von 980 Millibar erhöhen sich die Tiden um 30 cm. Starke Tiefs, die begrenzte Gebiete wie die Nordsee schnell überqueren, verursachen nicht nur einen Anstieg des Meeresspiegels aufgrund des geringeren Drucks, sondern auch eine größere Wasserbewegung. Diese ist auf die starken Winde zurückzuführen, die *Sturmfluten* von bis zu 2,4 m Höhe aufpeitschen können. Treten solche Sturmfluten bei Springtiden auf, kann es zu großen Überflutungen niedrig gelegener Küstengebiete kommen. In Hurrikangebieten, wie z.B. dem Golf von Mexiko können Sturmfluten den Meeresspiegel um 6 Meter über Normal ansteigen lassen.

Bei der Navigation im Seekajak sollte man seinen gesunden Menschenverstand einsetzen und die Elemente für sich arbeiten lassen. Es bedarf einer Kombination aus guter vorbereitender Planung und Flexibilität vor Ort. Meistens wird das Kajak als Küstenboot eingesetzt, so daß man nicht mehr als einige Paddelstunden von der nächsten Anlandestelle entfernt ist und den Großteil der Planung an Land erledigen kann. Man sollte hierbei die drei wichtigsten Einflußfaktoren nie außer acht lassen: den Wind, die Strömung und die Stromkabbelungen. Über alle drei Faktoren kann man sich mit Hilfe der Wettervorhersage ein gutes Bild machen.

Wind

Die maximale Windstärke, gegen die es möglich ist anzupaddeln, hängt stark vom Können und von der Konstitution des einzelnen Paddlers ebenso wie von der zurückzulegenden Strecke ab.

Anfänger haben oft Probleme, gegen Wind der Stärke 3 anzupaddeln, während trainierte, erfahrene Seekajakfahrer es bei kurzen Windwirkstärken schon bis auf Winde von über 70 Knoten gebracht haben. In beiden Beispielen ist das Vorankommen langsam und beschwerlich. Vorausgesetzt, es gibt geeignete und sichere Anlandeplätze, sollte man sich für eine Fahrtroute vor dem Wind entscheiden.

Ströme

Ströme sind Meeresbewegungen, die normalerweise immer in dieselbe Richtung laufen und von den Mondphasen nicht beeinflußt werden. Zum Beispiel Ausläufer des Ostgrönlandstroms und die nördlichen Ausläufer des Golfstroms zirkulieren im Uhrzeigersinn um die gesamte isländische Küste mit einer Geschwindigkeit von ½ bis 2 Knoten. Laufen die Gezeiten in derselben Richtung, so überlagert sich ihre Geschwindigkeit mit der Strömungsgeschwindigkeit; sind die Strömungsrichtungen gegenläufig, so wird die Stromkabbelung dadurch abgebremst. In Gegenden mit stärkeren Strömungen sollte man diese für sich arbeiten lassen!

Gezeitenströme

Strömungsgeschwindigkeit und -richtung sind in diesem Fall zeitabhängig. Die meisten Touren können so geplant werden, daß man immer mit den Tiden paddelt.

Paddelgeschwindigkeit

Ein weiterer Faktor, den man bei der Planung von Seekajaktouren in Betracht ziehen muß, ist die Paddelgeschwindigkeit. Sie ist in großem Maße von Konstitution und Können, vom verwendeten Kajaktyp und der geplanten Tour abhängig. Außenfaktoren, wie zum Beispiel Windgeschwindigkeit und Windrichtung, Meeres- und Gezeitenströmungen beeinflussen nicht die *Paddelgeschwindigkeit*, sondern die *Reisegeschwindigkeit*. Es ist durchaus möglich, mit einer Geschwindigkeit von 3 Knoten zu paddeln, und dabei aufgrund eines kräftigen Gezeitenstroms rückwärts zu fahren.

Es folgt eine grobe Übersicht über Paddelgeschwindigkeiten, die über einen Tag gemittelt wurden und mehrere, über den Tag verteilte, kurze Pausen miteinberechnen.

normales
Wildwasserkajak 2–2,5 Knoten (4 km/h)

normales Wildwasserkajak,
mit dem schnell gepaddelt
wird, oder Seekajak, mit dem

eine niedrige Frequenz gepaddelt wird	2,5–3 Knoten (5 km/h)
Seekajak, hohe Paddelfrequenz	3–4 Knoten (6,5 km/h)
Seekajak, beladen, hohe Frequenz, ohne Pausen über einen Zeitraum hinweg	4–5 Knoten (8,5 km/h)
Seekajak, leicht beladen, Sprint über kurze Distanz	5–6 Knoten (10 km/h)

Mit der Zeit merkt man selbst, welche Paddelgeschwindigkeit für den Einzelnen und für die Gruppe am besten ist, und man kann die eigene Durchschnittsgeschwindigkeit bestimmen.

Planung einer eintägigen Küstentour

Bei einer Tagestour einigt man sich zunächst über das Gebiet, in dem man paddeln wird. Das nachfolgende Beispiel beschreibt einen imaginären Küstenabschnitt in der Gegend um Homevik. Das Datum der Tour ist der 16. März. Geplant ist, eine Strecke von ca. 10 Meilen zurückzulegen. Aus der Straßenkarte ist ersichtlich, daß Long Beach, Homevik, Cow Bay und Deep Cove mit dem Auto gut zugänglich sind (siehe Karte) und sich daher als Einboot- oder Anlandeplätze gut eignen würden.

Anhand des Tidenkalenders bestimmt man den Verlauf der Gezeiten in Homevik. Der *Bezugsort* des Kalenders ist Greenport, während sich die Tidenangaben auf der Karte auf Homevik beziehen. Die ausgewiesene Abweichung für den Anschlußort Homevik beträgt bezogen auf Greenport + 25 Minuten.

Hochwasser Greenport 6,05 GMT
+ 25 Minuten GMT (Greenwich Meantime)
+ 25 Minuten = 6,30 GMT HW Homevik.
Hochwasser Greenport 19,04 GMT
+ 25 Minuten = 19,29 GMT HW Homevik.

Die Zeiten beziehen sich auf Greenwich Meantime (GMT entspricht MEZ minus 1 h). Es ist zu beachten, daß bei den Tidenkalendern auf der folgenden Seite für die britische Sommerzeit erst ab 26. März eine Stunde hinzugefügt werden muß. Vergleichen wir nun die Tidenhöhen des Monats März mit den Angaben für den 16. März, um festzustellen, ob an diesem Tag Spring-, Nipp- oder mittlere Tiden zu erwarten sind. In unserem Fall handelt es sich um eine *Nipptide*. Anhand der Seekarte (oder des Gezeitenstromatlanten) stellt man die Richtung der Tiden an diesem Tag fest. Die Homevik am nächsten gelegene Tidenstrommarke ist hier ◇C, deshalb werden die Tideninformationen der Tabelle ◇C entnommen. Aus Gründen der Übersicht habe ich die relevanten Informationen in tabellarischer Form an den Seitenanfang gestellt. Aus diesen Informationen geht hervor, daß mit einer südwestlichen Route am Morgen und einer nordöstlichen Route am Nachmittag die Gezeiten in beiden Richtungen günstig laufen.

Wenn wir Homevik um 9 Uhr verlassen und 3 Stunden mit einer Geschwindigkeit von 2 Knoten paddeln, legen wir eine Distanz von 6 Meilen zurück. Die Gezeiten würden uns über weitere 2,1 + 1,3 + 0,7 = 4,1 Meilen tragen. Die gesamte Reisestrecke würde sich folglich auf 6 + 4,1 = 10,1 Meilen belaufen. Ein Blick auf die Karte (*vergessen Sie nicht, den Maßstab von der Seite der Karte abzulesen*) zeigt, daß uns 10,1 Meilen bis Deep Cove bringen.

Brechen wir eine Stunde später um 10 Uhr auf und paddeln wir wie zuvor 3 Stunden, so tragen uns die Gezeiten 1,3 + 0,7 +

GREENPORT TIDES

ADD ONE HOUR FROM 01 00 MARCH 26th TO 01 00 OCTOBER 29th

MARCH 2000														
	HIGH WATER						LOW WATER						SUN	
	Morning			Afternoon			Morning			Afternoon			Rise	Set
Date	Time	Ht. mts.	Ht. feet	Time	Ht. mts.	Ht. feet	Time	Ht. mts.	Ht. feet	Time	Ht. mts.	Ht. feet	a.m.	p.m.
1 Wed	03 57	7.3	24.1	16 27	7.1	23.2	10 38	3.2	10.6	23 16	3.5	11.6	07 00	17 49
2 Thu	05 16	7.0	22.9	18 04	6.8	22.3				12 04	3.5	11.3	06 57	17 51
3 Fri	06 56	7.0	23.1	19 45	7.1	23.3	01 04	3.6	11.7	13 47	3.2	10.4	06 55	17 53
4 Sat	08 18	7.6	25.0	20 56	7.8	25.6	02 32	3.0	9.9	15 05	2.5	8.2	06 53	17 55
5 Sun	09 18	8.4	27.4	21 49	8.5	28.0	03 36	2.3	7.6	16 07	1.7	5.6	06 50	17 57
6 Mon	10 07	9.1	29.8	22 34	9.1	30.0	04 31	1.6	5.2	17 01	1.0	3.2	06 48	17 59
7 Tue	10 51	9.7	31.7	23 18	9.6	31.5	05 18	1.0	3.1	17 47	0.4	1.3	06 46	18 01
8 Wed	11 34	10.1	33.1	23 58	9.8	32.3	06 03	0.5	1.6	18 31	0.0	0.1	06 43	18 03
9 Thu				12 17	10.3	33.8	06 43	0.2	0.7	19 12	0.1	0.3	06 41	18 05
10 Fri	00 39	9.9	32.4	12 57	10.2	33.6	07 23	0.2	0.6	19 49	0.1	0.3	06 39	18 06
11 Sat	01 19	9.7	31.7	13 38	9.9	32.6	08 02	0.4	1.4	20 26	0.6	1.9	06 36	18 08
12 Sun	01 59	9.3	30.5	14 20	9.4	30.9	08 42	0.9	2.9	21 04	1.3	4.1	06 34	18 10
13 Mon	02 40	8.8	28.7	15 07	8.7	28.5	09 24	1.5	5.1	21 45	2.1	6.7	06 31	18 12
14 Tue	03 28	8.1	26.6	16 03	7.8	25.8	10 14	2.3	7.4	22 38	2.8	9.3	06 29	18 14
15 Wed	04 33	7.5	24.5	17 23	7.2	23.5	11 29	2.9	9.5				06 27	18 16
16 Thu	06 05	7.1	23.2	19 04	7.0	23.0	00 03	3.4	11.2	13 13	3.0	10.0	06 24	18 18
17 Fri	07 42	7.3	23.9	20 27	7.4	24.3	01 51	3.4	11.1	14 43	2.6	8.7	06 22	18 19
18 Sat	08 51	7.8	25.6	21 22	7.9	26.0	03 10	2.9	9.4	15 46	2.1	6.9	06 19	18 21
19 Sun	09 41	8.3	27.3	22 04	8.4	27.5	04 03	2.3	7.7	16 33	1.7	5.4	06 17	18 23
20 Mon	10 19	8.7	28.5	22 40	8.7	28.5	04 42	1.9	6.3	17 11	1.4	4.5	06 14	18 25
21 Tue	10 52	8.9	29.4	23 11	8.9	29.1	05 16	1.6	5.3	17 42	1.2	4.0	06 12	18 27
22 Wed	11 23	9.1	29.8	23 39	9.0	29.5	05 46	1.4	4.6	18 10	1.1	3.7	06 10	18 29
23 Thu	11 53	9.1	30.0				06 12	1.3	4.2	18 36	1.1	3.6	06 07	18 30
24 Fri	00 07	9.0	29.7	12 21	9.1	29.9	06 39	1.2	4.0	19 02	1.2	3.9	06 05	18 32
25 Sat	00 35	9.0	29.5	12 49	9.0	29.5	07 07	1.3	4.2	19 28	1.4	4.4	06 02	18 34
26 Sun	01 02	8.9	29.1	13 16	8.8	28.8	07 37	1.5	4.8	19 57	1.7	5.4	06 00	18 36
27 Mon	01 30	8.7	28.5	13 44	8.5	27.9	08 06	1.8	5.8	20 25	2.1	6.7	05 57	18 38
28 Tue	02 02	8.4	27.5	14 18	8.1	26.7	08 40	2.2	7.1	20 57	2.5	8.3	05 55	18 40
29 Wed	02 39	8.0	26.3	15 01	7.7	25.2	09 19	2.6	8.5	21 39	3.0	9.9	05 53	18 41
30 Thu	03 31	7.5	24.8	16 03	7.2	23.5	10 14	3.0	9.8	22 47	3.4	11.2	05 50	18 43
31 Fri	04 47	7.2	23.5	17 39	6.9	22.6	11 37	3.2	10.4				05 48	18 45

TIDENKALENDER GREENPORT

Eine Stunde ist von 26. März 1.00 Uhr bis 29. Oktober 1.00 Uhr hinzuzufügen

◇C 53° 10.0′ N 4° 6.2′ W				
			Rate (Kn)	
Hours		*Dir*	*Sp*	*Np*
Before HW	6	047	0.8	0.4
	5	044	3.2	1.6
	4	046	4.1	2.0
	3	038	4.1	2.0
	2	024	1.9	1.0
	1	225	1.2	0.6
HW		249	3.3	1.7
After HW	1	228	4.5	2.2
	2	225	4.4	2.2
	3	223	4.3	2.1
	4	217	2.6	1.3
	5	211	1.4	0.7
	6	180	0.2	0.1

Das Format eines Tidenkalenders, wie er auf Admiralitätskarten abgebildet wird. Er ist auf den Punkt C der Seekarte bezogen.

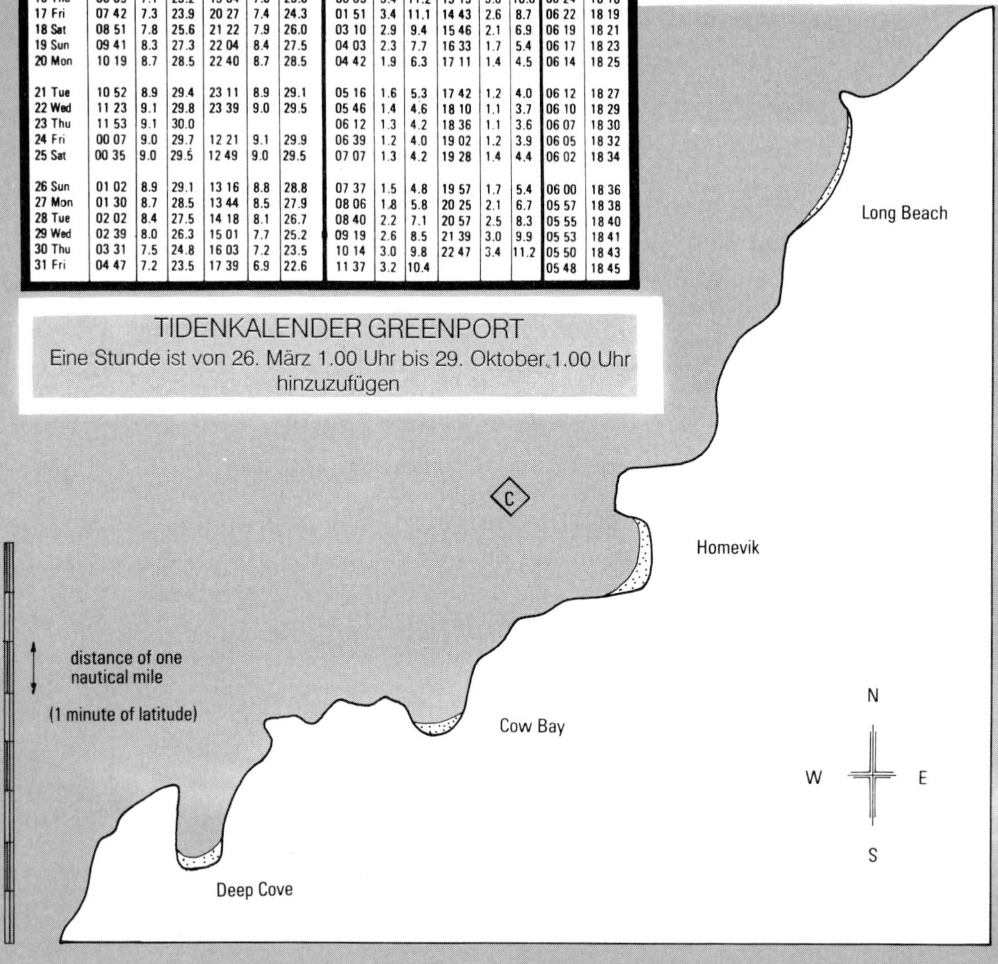

		Nippflutgeschwindigkeit (Knoten)	Zeiten für den 16. März	Strömungsrichtung
HW	HW	1,7	06.30	
Stunden nach HW	1	2,2	07.30	Südwest
	2	2,2	08.30	
	3	2,1	09.30	
	4	1,3	10.30	
	5	0,7	11.30	
	6	0,1	12.30	
Stunden vor HW	6	0,4	13.30	Nordost
	5	1,6	14.30	
	4	2,0	15.30	
	3	2,0	16.30	
	2	1,0	17.30	
	1	0,6	18.30	Südwest
	HW	1,7	19.29	

Tideninformationen für Homevik, die anderen Quellen entnommen wurden.

0,1 = 2,1 Meilen. Wir könnten eine Gesamtstrecke von 6 + 2,1 = 8,1 Meilen bewältigen. In diesem Fall würden wir an einem Punkt zwischen Cow Bay und Deep Cove ankommen.

Natürlich entscheide ich mich in diesem Fall dafür, um 9 Uhr aufzubrechen, und Deep Cove um 12 Uhr zu erreichen.

Der Rückweg wird auf ähnliche Weise geplant, man sollte jedoch beachten, daß die Tide zwischen 14 Uhr und 17 Uhr am stärksten ist. Durch eigene Kraft legen wir 6 Meilen zurück, die Tide trägt uns über weitere 1,6 + 2,0 + 2,0 = 5,6 Meilen. In 3 Stunden würden wir 6 + 5,6 = 11,6 Meilen zurücklegen. Da Homevik nur 10,1 Meilen entfernt ist, sollten wir vor 17 Uhr zurückgekehrt sein.

Zusammenfassung

Abfahrt Homevik 9 Uhr
Ankunft Deep Cove 12 Uhr
Essen/Erkundung der Umgebung 12–14 Uhr
Abfahrt Deep Cove 14 Uhr
Ankunft Homevik bis spätestens 17 Uhr

Gesamte gepaddelte Strecke: 12 Meilen
Gesamte zurückgelegte Strecke: 20,2 Meilen

Weitere Gesichtspunkte, die die Planung beeinflussen können

Gibt es im Revier potentielle Gefahrenbereiche, wie starke Stromkabbelungen oder Overfalls, sollte man die Tour so planen, daß diese Gebiete durchfahren werden, wenn die Tide ihre Kraft verliert. Vor der Überquerung der Ausfahrt eines Fährschiffhafens sollte man sich über die Abfahrts- und Ankunftszeiten der Fähren informieren. Gibt es für die Strecke, die zurückgelegt werden soll, mehr als eine Tidenstrommarke, so muß interpoliert werden, um zu entscheiden, wie die Tiden sich zwischen den beiden Punkten verhalten werden. Kündigt die Wettervorhersage einen Südwestwind der Stärke 4 an, ist es sinnvoller, am Nachmittag von Deep Cove aus in Richtung Homevik oder Long Beach zu starten. Man sollte immer darauf vorbereitet sein, seine Pläne den vorherrschenden Bedingungen anzupassen.

Die Planung von Überfahrten in offenen Gewässern

Bei der Planung von Überfahrten in offenen Gewässern gibt es mehrere Möglichkeiten. Im folgenden werden 5 Beispiele erläutert. Die unterschiedlichen Ansätze sollen als Entscheidungshilfen für verschiedene Situationen dienen.

Beispiel 1

Betrachten wir zunächst die Überfahrt zu einer Insel in einem Gebiet, das gezeitenfrei ist, oder in dem die Periode schwacher Strömung ausreicht, um die Distanz in dieser Zeit zu bewältigen. Zuerst zieht man auf der Karte eine gerade Linie zwischen Ausgangspunkt A und Zielpunkt B. Dann mißt man die Distanz zwischen A und B. Sie beträgt in unserem Beispiel 4 Meilen. Anschließend bestimmt man die Kompaßpeilung für B von A. Dies erfolgt durch Anlegen des Parallellineals und Übertragung der gezogenen Linie auf eine Kompaßrose in der Seekarte. Die rechtweisende Peilung wird von der Kompaßrose abgelesen und um die Mißweisung korrigiert. Überprüfen Sie Ihren Kurs durch Vergleich der Kompaßpeilung mit der ungefähren Kursrichtung Nord, Süd, Ost oder West, um sicherzustellen, daß Sie den Kompaß richtig abgelesen haben.

Bei der tatsächlichen Überfahrt kann man sich nach der zuvor bestimmten Kompaßpeilung richten, oder einfach auf die Insel zuhalten und die Peilung als Rückversicherung im Falle sich verschlechternder Sichtverhältnisse benutzen.

Beispiel 1

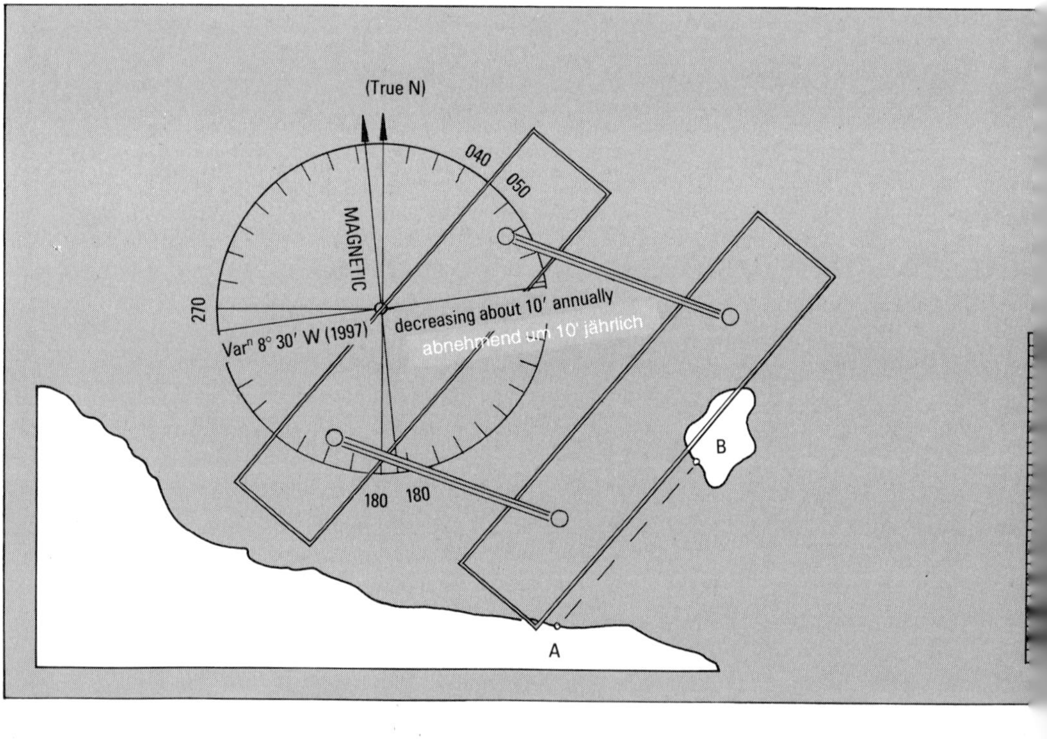

In diesem Beispiel gibt der Mittelpunkt der Kompaßrose an, daß die Mißweisung 1997 8°30' West beträgt und jährlich um ca. 10' sinkt. Für das Jahr 2000 müssen wir also 3 x 10' oder 30' von 8°30' abziehen, so daß wir eine Mißweisung von 8° erhalten. Da die Mißweisung westlich des rechtweisenden Nordens liegt, müssen wir 8° zur rechtweisenden Peilung dazuaddieren, um den Kompaßkurs zu erhalten. Legt man den Kompaß an der Linie zwischen Punkt A und B an, würde die Kompaßpeilung, die man erhalten würde, 53° betragen.

Beispiel 2

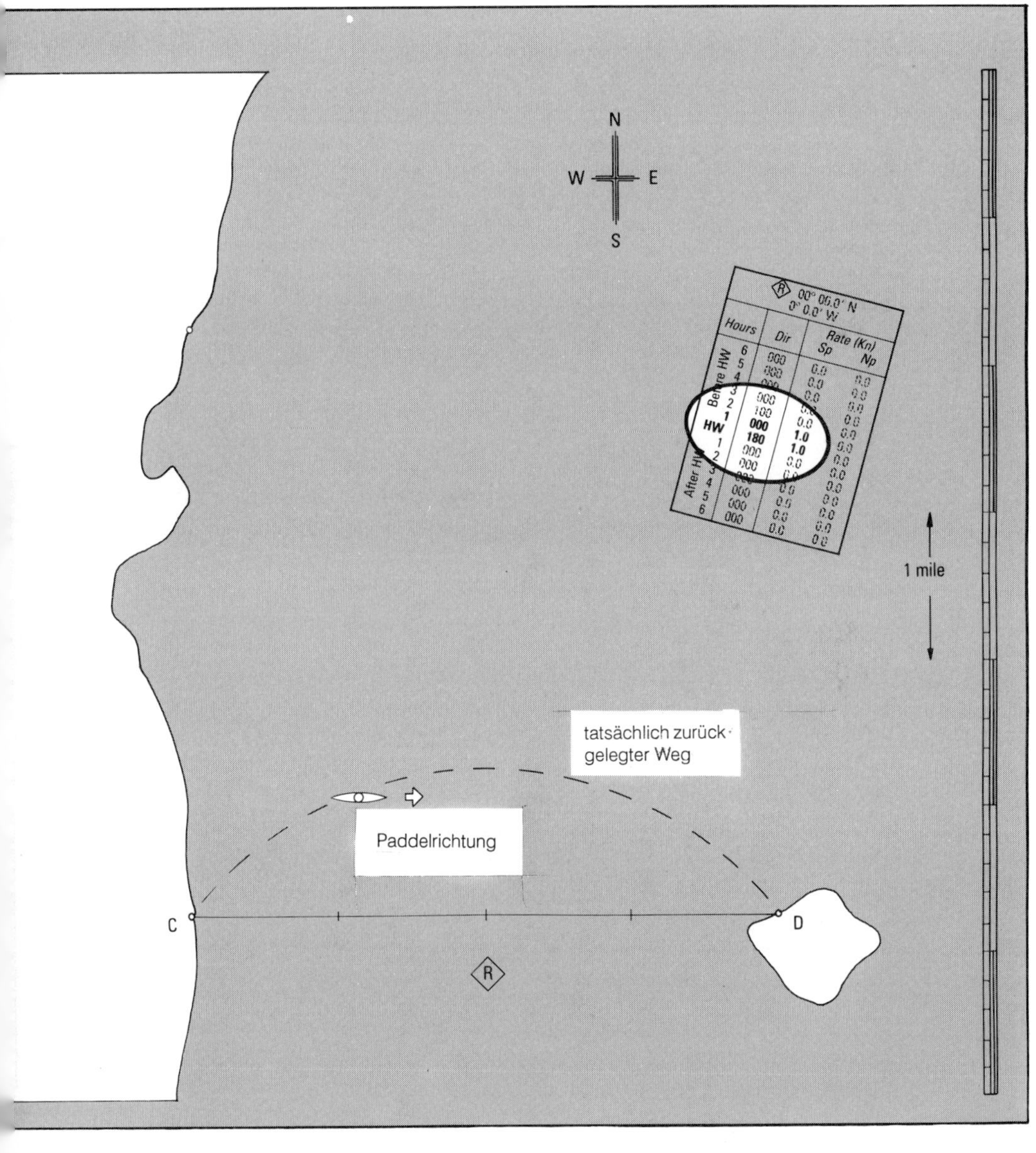

Die kürzeste Verbindung von A nach B beträgt 4 Meilen. Bei einer Paddelgeschwindigkeit von 2 Knoten erreicht man die Insel nach 2 Stunden.

Beispiel 2

Eine gebräuchliche Methode bei der Überfahrt von Abschnitten, in denen es stärkere Gezeitenströmungen gibt, besteht darin,

Beispiel 3

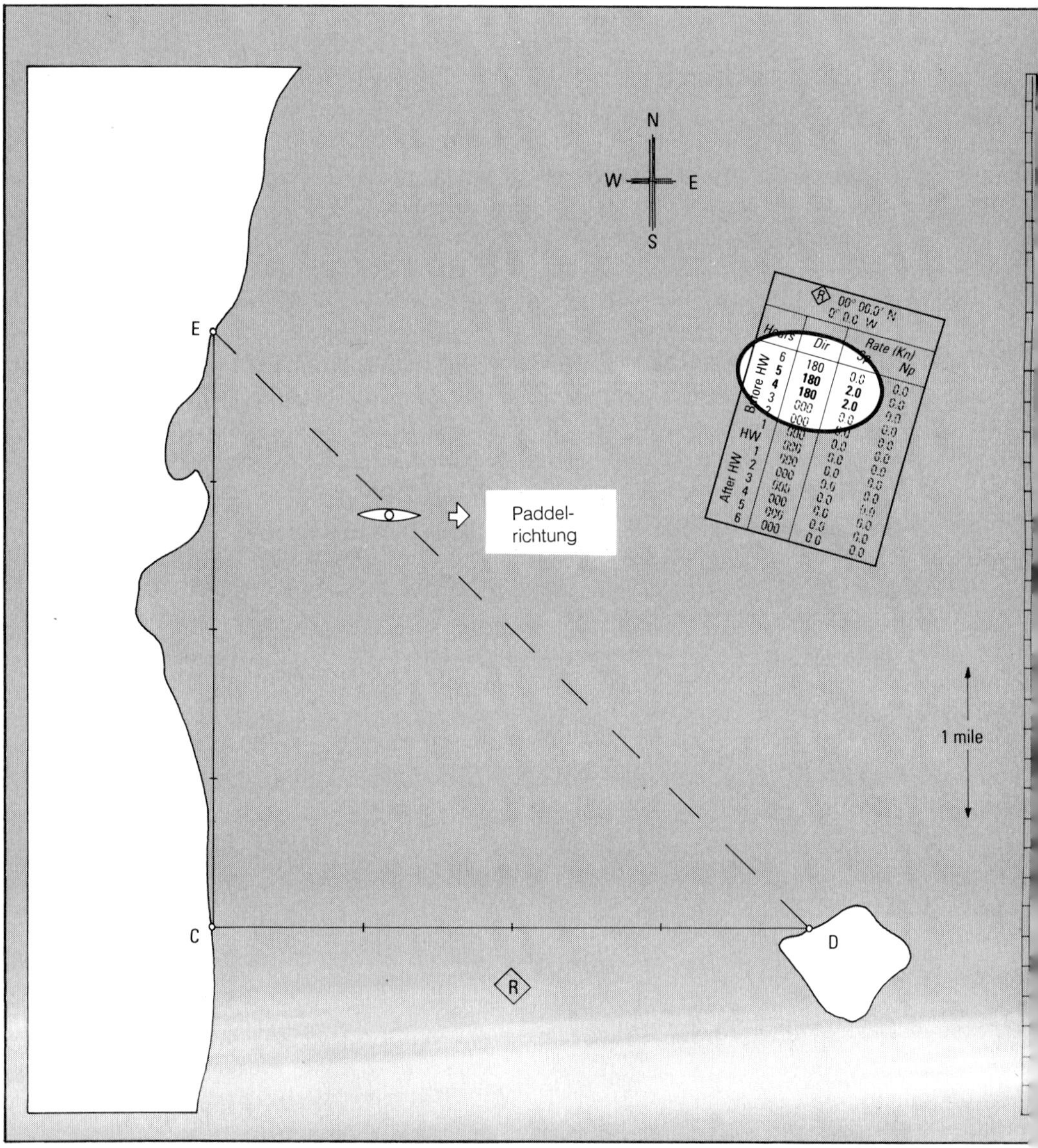

die Tide aus der einen Richtung mit der Tide aus der Gegenrichtung auszugleichen. Die Überfahrt erfolgt zur Still- oder Stauwasserzeit. In diesem Beispiel wird die nach Norden fließende Tide in der Stunde vor HW durch die Tide in der ersten Stunde des Hochwassers kompensiert.

Die verwendete Kompaßpeilung ist die Verbindungsstrecke von C nach D. Der tatsächliche Weg wird jedoch nicht entlang dieser Linie verlaufen, da die Tide das Kajak zunächst in nördlicher und dann in südlicher Richtung versetzt. Anstatt auf die Insel zuzuhalten, muß man der Kompaßpeilung folgen. Der Kurs, den das Kajak nimmt, ist in der Zeichnung als gestrichelte Linie eingetragen. Die tatsächlich gepaddelte Strecke entspricht der geraden Linie von C nach D; sie beträgt 4 Meilen. Bei einer Geschwindigkeit von 2 Knoten sollte die Paddelzeit 2 Stunden betragen.

Beispiel 3

Um eine Überfahrt bei nicht wechselnder Tide zu bewältigen, verlegt man seinen Startpunkt stromaufwärts vom Ziel. Nehmen wir die Insel D, dieselbe Insel wie im vorangegangenen Beispiel. Handelt es sich um eine für 2 Stunden mit einer Geschwindigkeit von 2 Knoten nach Süden laufende Tide, erreicht man das Ziel D nach 2 Stunden, indem man an einem Punkt E, der 4 Meilen nördlich vom Punkt C liegt einsetzt und der Kompaßpeilung von C nach D folgt. Wieder einmal stellt man während der Überfahrt die Bootsspitze nicht in die Richtung der Insel, sondern man folgt der Kompaßpeilung und läßt sich von der Tide auf die Insel zutreiben.

Mit dieser Navigationsmethode werden die Paddelstrecken auf ein Minimum begrenzt. Sie kann in Fällen eingesetzt werden, in denen die vorangegangene Methode ein Erreichen des Zielpunktes in einer Zeit, in der die Tiden die höchste Geschwindigkeit haben, zur Folge hätte. Auf diese Weise erreicht man sein Ziel in einer Zeit kurz bevor die Tide den Stauwasserzeitpunkt erreicht hat.

Beispiel 4

Mit Hilfe dieser Methode erfolgt eine ‚gerade' Überfahrt, indem man mit dem Kajak gegen die Tidenströmung fährt, um die Abdrift zu kompensieren. In der ersten Stunde hat die Tide eine Geschwindigkeit von 1 Knoten in Richtung 180°. Man mißt auf der Seekarte vom Punkt E ausgehend eine Meile Richtung Süden; dies ist die gesamte Abdrift in der ersten Stunde. Nun mißt man die in diesem Zeitraum gepaddelte Distanz von 2 Meilen ab Punkt W und bringt diese Strecke mit der Strecke EF zum Schneiden. Der Schnittpunkt dieser Strecken wird als Punkt G bezeichnet. Dieses Verfahren wird für die zweite Stunde mit Anfangspunkt G und Endpunkt H, und für die dritte Stunde mit Endpunkt F wiederholt. Mit Hilfe des Parallellineals überträgt man die Strecke W–G auf die Kompaßrose, um die Peilung für die erste Stunde zu erhalten. Dieser Vorgang wird für die zweite und dritte Stunde der Überfahrt wiederholt.

Während der Überfahrt benutzt man also drei Einzelpeilungen, die jeweils um die Mißweisung korrigiert sind; nach jeder Stunde wird die Peilung geändert. Die Strecke E–F stellt den tatsächlichen Weg dar, man könnte daher mit Hilfe von Deckpeilungen seinen Kurs überprüfen.

Wollen Sie nur eine Kompaßpeilung verwenden, so messen Sie Entfernung und Richtung, die die Tide während der ganzen Überfahrt nehmen wird: 1 + 1,5 + 1,9 = 4,4 Meilen südlich des Ausgangspunkts bis zum Punkt Z auf der Seekarte. Führen Sie eine einzige Peilung von Z nach F durch. Mit dieser Peilung über einen Strom, dessen Geschwindigkeit von 1 Knoten auf 1,9 Knoten steigt, ist zu erwarten, daß man nördlich von Linie E–F paddelt . Die stärkere Tide versetzt das Boot wieder zurück. In diesem Fall kann man keine einzelne Deckpeilung als Navigationshilfe verwenden, sondern man muß dem Kompaß folgen.

In Beispiel 4 benötigt man 3 Stunden für eine Überfahrt von 4 Meilen bei einer konstanten Geschwindigkeit von 2 Knoten. Die gepaddelte Distanz beträgt 6 Meilen. Da man in diesem Fall gegen die Tide paddelt, anstatt ihre Strömung auszunutzen, um zum Zielpunkt zu kommen, wird für das Zurücklegen des Weges hier mehr Energie aufgewendet als in den vorangegangenen Beispielen.

Beispiel 5

Es kommt oft vor, daß sich die Richtung der Tide von Stunde zu Stunde ändert, so daß man Richtung und Geschwindigkeit in die Überlegungen miteinbeziehen muß. Die Vorgehensweise ist dieselbe wie in Beispiel 4, man muß jedoch zusätzlich die tabellierten Gezeitenstromrichtungen heranziehen, um den Zeitraum zu finden, in dem die Tide in einer günstigen Richtung fließt. Man kann entweder mit mehreren, sich für jede Stunde ändernden Kompaßpeilungen arbeiten, oder den Kurs für eine Einzelpeilung modifizieren. Beachten Sie, daß es im vorliegenden Beispiel aufgrund der Strömungs-

Beispiel 4

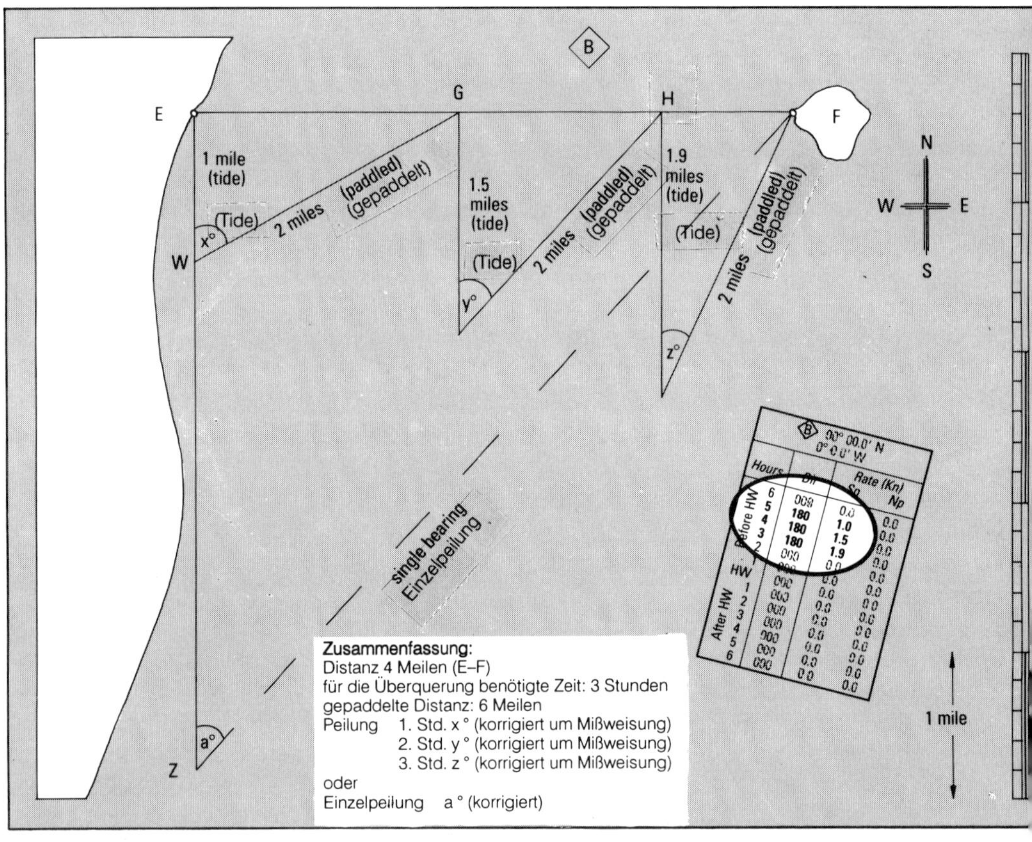

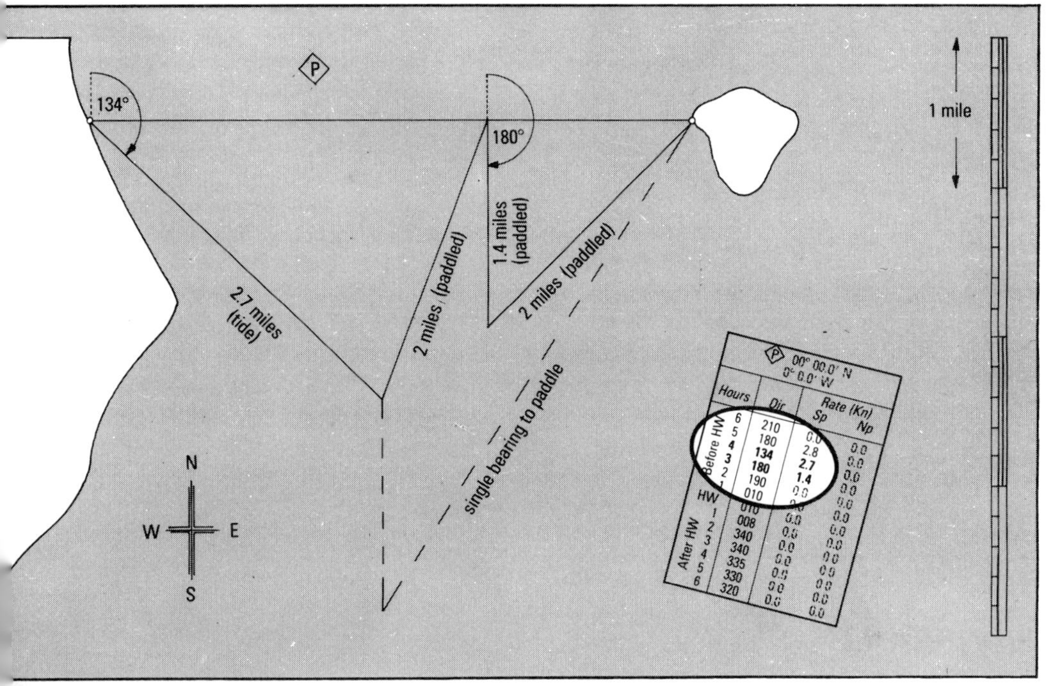

Beispiel 5

richtung möglich ist, die 4 Meilen lange Überfahrt in 2 Stunden zu bewältigen, obwohl die Strömungen schneller als in Beispiel 4 sind.

Weitere Navigationstechniken

Mit Vorhaltewinkel fahren

Auf langen Überfahrten in offenen Gewässern ist es oft am besten, auf einen Punkt etwas stromaufwärts zum Ziel zuzuhalten. Auf diese Weise muß man bei einem kleinen Fehler am Ende der Überfahrt nur tidenabwärts paddeln, um den Zielpunkt zu erreichen. Der zurückzulegende Weg ist zwar länger, doch selbst bei schlechter Sicht weiß man, in welche Richtung man drehen muß, wenn man das Gefühl für die Distanz verloren hat. Auch wenn man sich verspätet hat, wird man sein Ziel mit ziemlicher Sicherheit dennoch erreichen.

Kreuzt der Kurs bei einer langen Überfahrt einen starken Gezeitenstrom mit ungünstiger Strömung, so ist es anzuraten, ihn während Nipptiden zu überqueren, so daß kleine Fehler keine größeren Auswirkungen nach sich ziehen.

Die Verwendung von Deckpeilungen

Deckpeilungen sind die nützlichsten Navigationshilfen der Seekajakfahrer. Bei kurzen Überfahrten fluchtet man zwei Punkte – der eine liegt genau hinter dem anderen –, um einen geraden Kurs beizubehalten. Der Anstellwinkel des Kajaks gegen die Tide oder den Wind wird so angeglichen, daß das Kajak nie von dieser Linie abweicht. Paddelt man entlang einer Küstenlinie, sucht man sich dort immer wieder neue Bezugspunkte um festzustellen, ob man schnell oder langsam vorwärts kommt, oder ob der Wind oder die Tide ein Vorwärtskommen unmöglich machen, oder ob diese das

Kajak bereits in die entgegengesetzte Richtung schieben. Wenn der nähere Markierungspunkt vom entfernteren wegwandert, dann bewegt sich das Kajak vorwärts; bewegt sich der näher gelegene Markierungspunkt jedoch deutlich und relativ in Richtung auf den entfernteren zu, dann bewegt sich das Kajak rückwärts. Man sollte auch gute Peilungslinien, die man im Rücken hat und die man mit dem Heck in eine Linie bringen kann, unbedingt benutzen. Eine regelmäßige Überprüfung des Kurses in alle Richtungen erleichtert das schnelle Erkennen von Veränderungen. Diese Fähigkeit zeichnet einen guten Seekajakfahrer aus.

Die Überquerung schneller Gezeitenströme
Wenn man einen Gezeitenstrom überquert, trifft man oft auf Wasser, dessen Geschwindigkeit höher ist als die Paddelgeschwindigkeit. Selbst mit einer Seilfähre wird man schnell an Höhe verlieren. In solchen Fällen muß man seinen Kurs ändern und kann die Strömung erst hinter seinem Ziel überqueren. Danach benutzt man das Kehrwasser, um sich zum Ziel tragen zu lassen. Die Alternative ist, im rechten Winkel zur Strömung zu paddeln, um die Fahrtstrecke so kurz wie möglich zu halten. Die Wellen schlagen hier von der Seite an das Kajak. Vorsicht beim Überqueren der Verschneidungszone der Kehrwasser!

Die Verwendung von Land- und Seekarten auf dem Wasser
Seekarten liefern oft nicht genügend Informationen über die Gegebenheiten an Land, so daß es schwierig ist, die geeignetsten Einboot- und Anlandeplätze zu finden. Es kann sehr hilfreich sein, See- und Landkarten der jeweiligen Gegend zwischen wasserdichten, selbstklebenden Plastikfolien Rücken an Rücken einzulaminieren. Einige

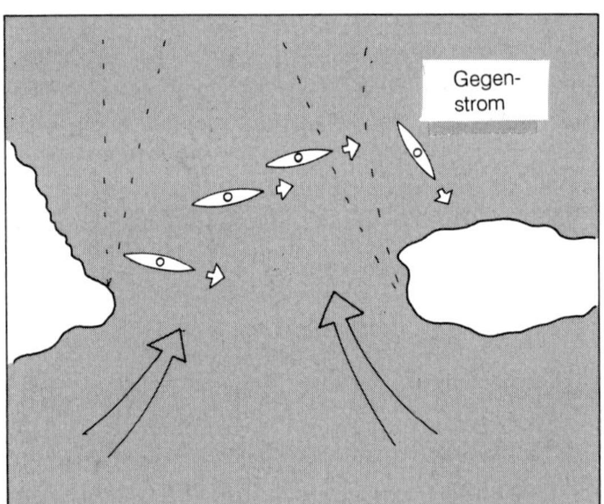

Die Überquerung schneller Gezeitenströme:
Das Kajak steht senkrecht zur Strömung und überquert die Verschneidungszone ebenfalls im rechten Winkel.

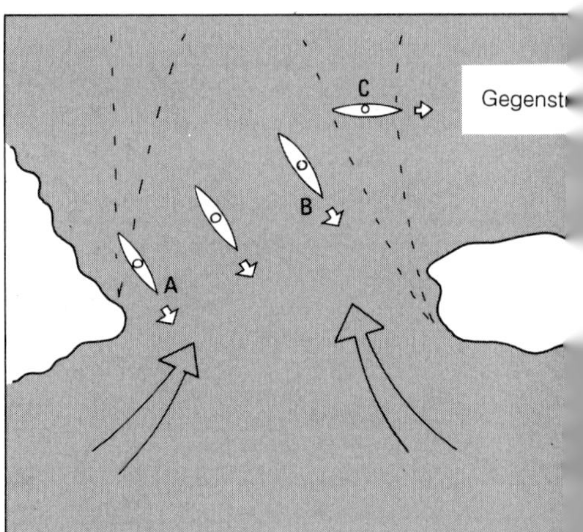

Seilfähre durch die Strömung. Kajak A bewegt sich seitwärts, während Kajak B direkt in die Strömung paddelt und seine Richtung ändern muß, um wie Kajak C über die Verschneidungszone zu gelangen.

Fotokopiergeräte laminieren auch Landkarten. Man kann Karten aber auch selbst laminieren, indem man von einer selbstklebenden Plastikfolie ein Stück, das etwas größer als der Kartenausschnitt ist, abschneidet, den Schutzfilm löst, so daß die Folie mit der Klebeseite nach oben auf einer glatten Oberfläche liegt und die Karte mit der bedruckten Oberfläche nach unten sorgfältig auf die Folie rollt. Es bedarf einiger Geschicklichkeit, um ein glattes, blasenfreies Ergebnis zu erzielen. Man kann dieses Verfahren bereits zu Hause üben. Karten müssen beidseitig laminiert sein, deshalb ist es kostensparender, zwei Land- oder Seekarten Rücken an Rücken zu legen.

Bevor man die wasserdichte Folie auf die Karte laminiert, sollte man alle zusätzlichen Informationen, die einem wichtig erscheinen, mit wasserfestem Stift eintragen. Schneidet man eine Karte in Stücke, die unter Haltegummis am Bootsdeck passen, sollte man darauf achten, daß auf jedem Abschnitt ein Maßstab für das Messen von Entfernungen eingetragen ist. Auch Bezugslinien zur Feststellung der Himmelsrichtungen dürfen nicht fehlen, wenn man mit Kompaßpeilung arbeitet. Zusätzlich sollte man dem Seehandbuch die Zeiten, in denen die Tidenströme relativ zum Bezugshafen ihre Richtung wechseln, entnehmen. Andere Informationen, wie z.B. geplante Abfahrts- und Ankunftszeiten, oder die Zeiten des Tidenwechsels an verschiedenen Punkten etc., können aus Gründen der Übersicht mit wasserfesten Filzstiften direkt auf die Oberfläche des Decks geschrieben werden. Ein weißer Deckbereich eignet sich hierzu sehr gut.

Auch Seekajakfahrer müssen das Betonnungssystem kennen, besonders, wenn sie in Gegenden mit regem Schiffsverkehr, in Mündungen und Häfen unterwegs sind. Tonnen dienen zur Warnung des Schiffsverkehrs vor Felsen, Sandbänken und Overfalls und zur Markierung von sicheren Durchfahrten. Sie kennzeichnen aber auch die Position von Gefahrenzonen in der Nähe von militärischen Übungsgebieten, von Einflüssen der Abwasserkanäle und von Schiffswracks. Der Verband ‚International Association of Lighthouse Authorities' (IALA) hat das Betonnungssystem ‚A' – ein einheitliches System für Großbritannien und Europa, und das Betonnungssystem ‚B', das in den USA, Kanada und Japan gültig ist, erstellt. Die beiden Systeme unterscheiden sich in der Farbgebung der lateralen Zeichen (backbord und steuerbord).

Laterale Zeichen

Diese Zeichen markieren die Position der tiefsten Fahrrinne für die Schiffahrt, in der Regel zwischen Inseldurchfahrten und in Förden und Flüssen; sie verwenden dazu Steuerbord- und Backbordtonnen. Bei Backbordtonnen handelt es sich um stumpfe oder zylindrische Tonnen auf der Backbord- oder linken Seite eines Schiffs, das die Fahrrinne in der Betonnungsrichtung durchfährt. Steuerbordtonnen sind Spitztonnen und kennzeichnen die Steuerbordseite des Fahrwassers. Schiffe, die in Betonnungsrichtung fahren, halten diese Markierungen

	IALA Betonnungssystem A	Betonnungssystem B
Backbordboje		
Form	Stumpftonne	Stumpftonne
Farbe	rot	grün
Toppzeichen (falls vorhanden)	rot, zylindrisch	grün, zylindrisch
Licht (falls vorhanden)	rot, beliebiger Takt	grün, beliebiger Takt
Steuerbordboje		
Form	Spitztonne	Spitztonne
Farbe	grün	rot
Toppzeichen (falls vorhanden)	grün, konisch	rot, konisch
Licht (falls vorhanden)	grün, beliebiger Takt	rot, beliebiger Takt
Fahrwasserteilung, Hauptfahrwasser auf der Steuerbordseite		
Form	Stumpftonne	Stumpftonne
Farbe	rot mit grünem Querstreifen	grün mit rotem Querstreifen
Toppzeichen (falls vorhanden)	rot, zylindrisch	grün, zylindrisch
Licht (falls vorhanden)	rot, Gruppenblinkfeuer (2 + 1)	grün, Gruppenblinkfeuer (2 + 1)
Fahrwasserteilung, Hauptfahrwasser auf der Backbordseite		
Form	Spitztonne	Spitztonne
Farbe	grün mit rotem Querstreifen	rot mit grünem Querstreifen
Toppzeichen (falls vorhanden)	grün, konisch	rot, konisch
Licht (falls vorhanden)	grün, Gruppenblinkfeuer (2 + 1)	rot, Gruppenblinkfeuer (2 + 1)

stets auf der Steuerbord- oder rechten Seite.

Teilt sich das Fahrwasser in mehrere Arme, so wird die bevorzugte Fahrrinne durch eine Tonne mit roten und grünen Querstreifen markiert. Es kann sich hierbei um eine Spitz- oder um eine Stumpftonne handeln, je nachdem, ob ihre Position als Backbord- oder Steuerbordseite betrachtet werden soll.

Da die Betonnung auch von Schiffen aus entgegengesetzt kommenden Richtungen benutzt wird, muß eine Übereinkunft über das Markierungssystem getroffen werden. Für Flüsse, Förden und andere Wasserwege ändert sich die Betonnungsrichtung nicht. In Küstengewässern geben die Pfeile auf der Seekarte über die Richtung Auskunft. Das verwendete Symbol ist tiefrot.

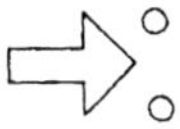

Kardinalsystem

Die Kardinalzeichen werden nördlich, südlich, östlich oder westlich von Gefahrenzonen wie Overfalls, Untiefen oder Sandbänken gesetzt. Eine Nordtonne zum Beispiel, liegt nördlich der Gefahrenzone, und der Schiffsverkehr geht nördlich an dieser Tonne vorbei.

Nordtonne

Form: Baken- oder Spierentonne.
Farbe: schwarz über gelb.
Toppmarkierung: 2 schwarze Kegel übereinander, Spitzen zeigen nach oben.
Licht (falls vorhanden): weiß, VQFI oder QFI (sehr schnelles oder schnelles Blinken).

Osttonne

Form: Baken- oder Spierentonne.
Farbe: schwarz mit einem gelben Querstreifen.
Toppmarkierung: 2 schwarze Kegel übereinander, Basis an Basis.
Licht (falls vorhanden): weißes VQFI (3) alle 5 Sekunden, oder QFI (3) alle 10 Sekunden.

Südtonne

Form: Baken- oder Spierentonne.
Farbe: gelb über schwarz.
Toppmarkierung: 2 schwarze Kegel übereinander, Spitzen zeigen nach unten.
Licht (falls vorhanden): weißes VQFI (6) oder und langer Lichtblitz alle 10 Sekunden, oder QFI (6) und langer Lichtblitz alle 15 Sekunden.

Westtonne

Form: Baken- oder Spierentonne.
Farbe: gelb mit einem breiten schwarzen Querstreifen.
Toppmarkierung: 2 schwarze Kegel übereinander, Spitze an Spitze.
Licht (falls vorhanden): weiß, VQFI (9) alle 10 Sekunden, oder QFI (9) alle 15 Sekunden.

Die Stellung der Kegelspitzen kennzeichnet die Position der schwarzen Markierung auf der Tonne. Stehen die Toppzeichen Spitze an Spitze, ist ein schwarzer Streifen zwischen zwei gelben Streifen zu sehen. Wenn beide Spitzen nach oben gerichtet sind, ist der obere Teil der Tonne schwarz. Die Blinkfrequenzen sind am besten zu merken, indem man sich den Kompaß als Ziffernblatt vorstellt. Ost entspricht 3 Uhr und die Blinkfrequenz besteht aus 3 Signalen. Süd wiederum entspricht 6 Uhr, die Blinkfrequenz enthält 6 Lichtsignale. West entspricht 9 Uhr mit einer Blinkfrequenz von 9 Signalen, Nord wird mit ständigem Blinken gekennzeichnet. Die Unterscheidung zwischen schnellem und sehr schnellem Blinken wird getroffen, um einzelne, nahe beieinander stehende Tonnen zu markieren.

Einzelne Gefahrentonnen

Eine einzelne Gefahrentonne dient der Markierung einer Gefahrenstelle in schiffbarem Gewässer.
Form: Baken- oder Spierentonne, *Farbe:* schwarz mit einer oder mehreren breiten, roten Querstreifen
Toppmarkierung: 2 schwarze Kugeln, eine über der anderen, *Licht (falls vorhanden)*: weiß, GpFl (2) (Gruppenblinkfeuer im 2er-Rhythmus)

Fahrwassermittenmarkierung

Fahrwassermittenmarkierungen sind von schiffbarem Gewässer umgeben; sie sind Mittelfahrwassertonnen und Ansteuerungstonnen.
Form: rund, Baken- oder Spierentonne
Farbe: rote und weiße senkrechte Streifen
Toppmarkierung (falls vorhanden): einzelne rote Kugel
Licht (falls vorhanden): weiß, isophasisch (hell und dunkel gleich lang), unterbrochenes Leuchtfeuer (dunkel ist kürzer als hell), oder ein langes Blinksignal alle 10 Sekunden

Besondere Markierungen

Besondere Markierungen sind nicht in erster Linie für die Orientierung von Bedeutung, obwohl sie hin und wieder eine Doppelrolle übernehmen. Sie kennzeichnen besondere Bereiche wie militärische Übungsgebiete und Abwassereinflüsse und sind deshalb für den Seekajakfahrer nicht ohne Bedeutung.

Form: nicht festgelegt; zylindrisch, kegelförmig, rund, spierenförmig, etc.
Farbe: gelb
Toppmarkierung (falls vorhanden): gelbes Kreuz
Licht (falls vorhanden): gelb

Tonnen in schiffbaren Fahrrinnen sind – wie festgemachte Boote und alle festen Objekte – potentielle Gefahrenquellen. Ein Kajak kann bei starker Tide darangedrückt werden, oder sich um sie ‚herumwickeln'. Man muß beim Vorbeipaddeln immer auch die Abdrift berücksichtigen; daher fährt man in der Regel hinter einem Hindernis vorbei, wenn man nicht genau weiß, wie stark die Strömung ist. Versuchen Sie nie, vor einem großen Schiff zu queren. Motorbetriebene Schiffe haben in engen Fahrwassern Vorfahrt. Abgesehen von der unmittelbaren Gefahr für den Paddler kann auch das Schiff Schaden nehmen, falls der Kapitän ein Ausweichmanöver einleitet. Die Chancen, dem Paddler tatsächlich auszuweichen, sind jedoch gleich Null.

Schiffe, die in betonnten Kanälen eine Kurve fahren, holen bei diesem Manöver sehr weit aus. Es ist daher schwierig, den Weg, den das Heck eines drehenden Schiffes nehmen wird, vorauszuahnen, und man sollte in der Kurveninnenseite warten, bis das Schiff vorbei ist.

Rechts: Beim Abreiten einer steilen Welle kann die Bootsspitze im Wasser eintauchen und die Welle wirft das Kajak nach vorne um. Diese Figur bezeichnet man als ‚Kerze'. Durch diagonales Absurfen der Welle kann man dies vermeiden.

Das Seekajak ist kein ideales Surfgerät. Besser geeignet sind hierfür Surfbretter und kurze Wildwasserkajaks, die sehr viel wendiger sind, und bei anderen Surfern nicht so großen Schaden anrichten können. Auch beim Anlanden und Einbooten in Brandungszonen ist ein gewisses Maß an Können notwendig. Viele der Techniken, wie zum Beispiel Paddelstütze, Anlanden in der Brandung und Unter-Wellen-Hindurch-Eskimotieren sind bereits an anderer Stelle besprochen worden. Nicht jedoch eine weitere nützliche Technik, das diagonale Absurfen einer Welle.

Position beim diagonalen Absurfen

Respektieren Sie andere Strandnutzer. Bei Unklarheiten bezüglich der Anlandeplätze können Surfer oft hilfreiche Tips geben. Sprechen Sie mit ihnen – schon alleine um ein gutes Verhältnis zu schaffen.

Diagonales Absurfen

Dabei wirft man seinen Oberkörper nach vorne und beschleunigt das Boot, um sich auf die Welle zu setzen. Anschließend dreht man das Kajak mit einem kurzen Bogenschlag rückwärts auf eine Seite. Sobald das Kajak reagiert, setzt man sein Paddel auf der uferwärts gelegenen Seite als Heckruder ein und kantet das Boot gleichzeitig zur Welle hin. Die Oberkante des hinteren Paddelblatts sollte vom Kajak weggeneigt sein. Dadurch hält man es auf Diagonalkurs und verhindert ein Querdrehen zur Welle. Richtungswechsel erfolgen mit Hilfe von Konterschlägen, bis das Kajak die Welle entlang in die andere Richtung läuft. Anschließend setzt man sein Paddel wieder auf der uferwärts gelegenen Seite als Heckruder ein.

Ein langes, besonders in beladenem Zustand schwerfälliges Seekajak kann auf einer Surfwelle zu einem Geschoß werden. Seekajakfahrer sollten ihre Surftechnik nur an relativ leeren Stränden erproben.

Zwei Kajaks stechen aus der Brandung, Spanien

Photo: Txema Camara

Von einem Seekajak aus kann man die Tierwelt in ihrem Lebensraum beobachten, ohne sie zu stören. Seehunde, Delphine und Wale haben ganz offensichtlich reges Interesse daran, Seekajakfahrer aus der Nähe zu beobachten. Behutsame Paddler können sich Seevögeln oftmals bis auf wenige Meter nähern. Die eigene Freude daran wird noch gesteigert, wenn man verschiedene Arten identifizieren kann und ihre Verhaltensweisen kennt. Im Rahmen dieses Buches kann ich nur Anregungen geben und möchte dies am Beispiel der Seevögel tun.

Ordnen Sie im jeweiligen Gebiet verbreitete Seevögel in Gruppen mit ähnlichen Eigenschaften ein. Allgemeine vogelkundliche Bücher informieren normalerweise auch über das Verbreitungsgebiet der gefiederten Gesellen. Einfacher ist es jedoch, mit einem speziellen Bestimmungsbuch für Seevögel zu arbeiten. Man sollte sich nicht wundern, wenn in den Büchern ähnlich aussehende Vögel nicht in dieselbe Familie eingeordnet sind. Anhand Ihrer eigenen Liste können Sie diese Vögel unterscheiden.

Anschließend nimmt man sich jede Gruppe vor und versucht, die auffälligsten Erkennungsmerkmale zu finden. Zum Beispiel sind Kormorane und Krähenscharben ‚große schwarze Vögel'; Papageientaucher, Lummen und Tordalke sind schwarz-weiß gefärbte Vögel mit kurzem, gedrungenem Körper und kurzen Flügeln, die sehr schnell schlagen müssen, um sich in der Luft zu halten. Sämtliche Möwen- und Sturmtaucherarten sind gute Segler, Möwen gleiten auf Luftströmen dahin, Eissturmvögel und Sturmtaucher besitzen jedoch gerade Flügel, während die der Möwen im Flug gebogen sind.

Ein junger Kormoran auf den Faröer Inseln fährt als blinder Passagier

Links: Tierbeobachtung aus der Nähe

Schließlich greift man aus jeder Gruppe Erkennungsmerkmale heraus, die es ermöglichen, jede Art bereits aus großer Entfernung zu unterscheiden. Beispielsweise besitzt in der Gruppe Papageientaucher, Lumme und Tordalk nur der Erstere helle Bakken. Der Schnabel der Tordalks hat ein tieferes Profil als der der Lumme. Wir konzentrieren uns deshalb bei der Unterscheidung der beiden Arten auf dieses Merkmal.

Jeder Vogelart kann ein bevorzugter Lebensraum zugeordnet werden. Viele Arten sind Zugvögel und verbringen Teile des Jahres in anderen Gebieten. Dreizehenmöwen, zum Beispiel, können an den steilsten Klippen nisten, indem sie ihre Nester an winzige Vorsprünge zementieren. Außerhalb der Brutzeit findet man sie nur selten an Land. Daher braucht man sie nicht in die Liste derer aufzunehmen, die wahrscheinlich auf einer winterlichen Paddeltour entlang eines Sandstrandes anzutreffen sind.

Wenn Sie erst einmal die eher heimischen Vogelarten Ihrer Region bestimmen können, wird sich Ihr Blick für die fremden Gäste schärfen. Durch den Vergleich des Besuchers mit bekannten Arten schafft man sich ein mentales Bild, an das man sich besser erinnern kann, um ihn dann zu Hause mit Hilfe des Bestimmungsbuches zu identifizieren. Er fliegt möglicherweise ‚wie eine Möwe' oder bewegt sich so ‚leicht durch die Lüfte wie eine Seeschwalbe, ist jedoch dunkler gefärbt'. Die Beobachtungen kann man aber auch mit einem wasserfesten Stift auf dem Deck des Kajaks festhalten, was die Erinnerung vereinfachen wird.

Die Bestimmung einer Spezies ist nur der erste Schritt, obwohl allein dadurch das Vergnügen beim Seekajakfahren eine erhebliche Steigerung erfährt. Von einem Kajak aus das Verhalten, die Freß- und Nistgewohnheiten zu studieren, ist überaus spannend, und je mehr man dabei lernt, desto faszinierender wird es. Doch vermeiden Sie, die Vögel insbesondere in der Nähe ihrer Nistplätze zu stören; dort kann die Gegenwart von Menschen leicht zum Verlust der Brut führen. Im Winter schmiegen sich die Watvögel eng aneinander und wärmen sich gegenseitig. Fortwährende Störungen führen bei ihnen zu sehr hohen Wärmeverlusten. Vorsicht, bitte!

Wenn Sie ein Tagebuch darüber führen, welche Vögel Sie an welchem Tag gesichtet haben, bekommen Sie einen Überblick über ihr Zugverhalten und darüber, welche Arten zu welchen Jahreszeiten in einer Region zu erwarten sind. Es ist möglich, daß Sie sogar speziell Touren für bestimmte Zeiten planen, die auf das Vorkommen eines ganz bestimmten Vogels abgestimmt sind. Ich für meinen Teil mache das sicherlich.

Vögel sind nur eine Gruppe aus der Vielzahl der Tiere, die das Seekajakfahren bereichern. Seehunde, Wale, Otter, Quallen, Meeresflora – die Reihe ließe sich beliebig fortsetzen. Das Kajak ist ein Fortbewegungsmittel, das uns der Natur sehr nahe bringt. Es liegt an uns, sie zu sehen.

Eine Expedition kann vom Wochenendausflug auf Selbstversorgerbasis bis hin zur ausgewachsenen Fernreise in ungastliche Wildnisgebiete reichen. Jeder setzt seine eigenen Regeln. Man kann die Kajaktour zum wichtigsten Teil der Reise machen, oder sein Kajak als praktisches Transportmittel benutzen, um aus ganz anderen Gründen in besondere Gebiete zu gelangen. Man kann die gesamten Essensvorräte im Kajak mitführen, oder Vorratsdepots entlang der Route anlegen, die dann nacheinander angelaufen werden. Sie können sich auch dafür entscheiden, Essen wann und wo immer sich die Gelegenheit bietet, zu kaufen, und so die Einwohner der Region finanziell zu unterstützen. Eine weitere Alternative besteht darin, mit nur leichtem Gepäck zu fahren und die Hilfe eines Versorgungsteams in Anspruch zu nehmen, das vorausfährt und das Lager aufschlägt, kocht und für jeden neuen Tag saubere, trockene Paddelkleidung bereitstellt. Ein Punkt, der unbedingt vor der Reise geklärt werden muß, sind die Regeln, nach denen sich alle Gruppenmitglieder zu richten haben, so daß man nicht erst während der Tour feststellen muß, daß jeder Teilnehmer andere Vorstellungen hat.

Die Gegebenheiten in dem Gebiet, das man sich für die Tour auswählt, sollten dem Können entsprechen. Die Auswahl des Expeditionsgebiets kann weitgehend von den vorhandenen Verkehrsverbindungen und finanziellen Erwägungen abhängen. Hat man erst einmal eine Entscheidung bezüglich des Gebiets getroffen, mag dies den Stil der Expedition, die zu verwendenden Boote, die zurückzulegenden Entfernungen und die benötigte Zeit bereits defi-

Sharon Foster, im Hintergrund die Lofoten im arktischen Norwegen

Ein Camp von Seekajakfahrern im südlichen Teil Norwegens

nieren. Wenn zum Beispiel die einzige Möglichkeit, in eine bestimmte Gegend zu gelangen, darin besteht, mit einem viersitzigen Flugzeug dorthin zu fliegen, wird man wohl aufblasbaren Kajaks oder Faltbooten einem 8-Meter-Zweier-Kajak den Vorzug geben. Ähnlich wird es sich verhalten, wenn in der Nähe des Expeditionsgebietes die Möglichkeit besteht, sich Seekajaks auszuleihen. In vielen Fällen ist dies kostengünstiger als der Flugzeugtransport der eigenen Boote.

Man sollte sich über die Gegend genau informieren. Konsultieren Sie ortskundige Piloten, See- und Landkarten und schlagen Sie Informationen über das Gebiet in der Bibliothek unter allen erdenklichen Stichworten nach. Informieren Sie sich über die Tierwelt, insbesondere die Insekten. Auf einer meiner früheren Expeditionen hatte ich dies leider nicht getan, und alle Gruppenmitglieder wurden von Moskitos völlig zerstochen. Sammeln Sie Informationen über Geographie, Geologie, Flora und natürlich über die Bewohner, die Geschichte und die politische Lage, und schließlich auch über frühere Expeditionen in diese Gegend. Die Nachforschungen werden Ihnen entweder den Mund wässrig machen oder Ihnen sagen, daß es an der Zeit ist, ein anderes, geeigneteres Vorhaben ins Auge zu fassen. Ich halte die Planungs- und Organisationsarbeit, die einer Expedition vorausgeht, für einen wirklich spannenden Bestandteil der Expedition. Ich kann den Effekt, den eine solche Expedition auf mich hat, um Monate der Vorfreude verlängern.

Vorbereitend muß ebenfalls auf diskrete Weise ermittelt werden, ob es notwendig ist, eine Genehmigung von amtlicher Seite einzuholen. Gibt es noch keine geregelte Handhabung, fragen Sie nicht. Eine Regierung könnte sich nämlich daraufhin veranlaßt fühlen, eine Regelung zu treffen, so daß Sie selbst und alle Leute nach Ihnen Zeit und Geld opfern müssen.

Unter Berücksichtigung der persönlichen Vorstellungen, des gewählten Kajaktyps und der Fähigkeiten der Gruppe, werden vernünftige Tagesetappen festgelegt. Faktoren, wie z.B. die zu erwartenden Wetterbedingungen, Meeres- und Gezeitenströmungen sollten an dieser Stelle berücksichtigt werden. Es ist ebenfalls angebracht, Pausen- und Schlechtwettertage, in denen nicht gepaddelt wird, einzuplanen. Bei unserer Island-Umrundung gab es an sechs aufeinanderfolgenden Tagen Winde mit Geschwindigkeiten von über 30 Knoten (55 km/h). Man sollte Zeitreserven mit einplanen, insbesondere, wenn keine Möglichkeit besteht, die Reise abzukürzen und sich die dafür vorgesehene Zeit dem Ende zuneigt. Andernfalls sollte man Flugtickets kaufen, deren Rückflugdaten geändert werden können.

Aber auch ein wenig Fantasie ist für ein solches Projekt von Nöten. Es besteht oft die Möglichkeit, Kosten und Anreisezeit der Expedition zu senken, die Anreisezeit bequemer und die Expedition interessanter zu machen. 1978 beispielsweise zerschnitten Tim Franklin und ich unsere Boote in zwei Hälften, um damit zum Flughafen in Gander, Neufundland, zu gelangen. Wir sparten dabei erhebliche Transportkosten und konnten sicher sein, daß die Kajaks mit uns im selben Flugzeug reisten. Während des Fluges waren wir mit der interessanten Aufgabe des Wiederzusammenbaus beschäftigt. Gander liegt in der Nähe eines großen Sees, der einen Abfluß ins Meer besitzt; auf diese Weise konnten wir unsere Anreisekosten beträchtlich senken, indem wir mit den Seekajaks ans Meer zum Ausgangspunkt der Expedition paddelten. Die zusätzliche Herausforderung trug zur Freude an der Expedition bei, so daß wir uns bereits vor Erreichen des Meeres darüber einig waren, daß diese Reise ein voller Erfolg werden würde. Doch diese Erfahrung war eigentlich nur ein unerwartetes kleines Geschenk.

Beladen des Kajaks für eine Expedition

Vor Beginn einer Expedition überprüft man, ob die gesamte Ausrüstung im Kajak Platz findet. Zusätzlicher Stauraum wird geschaffen, indem man Zelte, Kocher und Kochgeschirr gemeinsam benutzt. Unwichtige Verpackungen von Nahrungsmitteln werden zurückgelassen, bevor Tagesrationen gepackt werden. So erspart man sich während der Mahlzeiten langes Suchen in den Taschen, reduziert das Müllvolumen, das man im Boot mittransportieren muß, bevor man es an vorgesehenen Stellen deponieren kann.

Für kurze Fahrten müssen die Zelte nicht geräumig sein. Aber auf längeren Expeditionen, auf denen man oft tagelang im Zelt festsitzt, sind größere Zelte erheblich angenehmer. Man kann sich darin bequem ausstrecken.

Es gibt eine Vielzahl verschiedener Kochertypen, die mit den unterschiedlichsten Brennstoffen betrieben werden. Einige Brennstoffarten sind in bestimmten Ländern nicht erhältlich. Wenn auf den Faröer-Inseln der Spiritus ausgeht, kann man ihn nur in einem Ort nachkaufen, und erst, nachdem man den Kauf schriftlich bestätigt hat. Man sollte mehr als einen Kochertyp mitnehmen, da einige Arten Speisen sehr schnell erhitzen, andere sich besser dazu eignen, auf kleiner Flamme zu garen.

Verstauen Sie, wenn möglich, Ihre Ausrüstung in wasserdichten Säcken. Dies erhöht zwar das Gewicht, die Vorteile zeigen sich jedoch bei regnerischem Wetter, beim Beladen und bei Beschädigungen am Kajak. Im Gegensatz zu kunstfasergefüllten Schlafsäcken wärmen Daunenschlafsäcke nicht, wenn sie naß sind.

Für das eigentliche Beladen wird das leere Kajak und die Ausrüstung ans Ufer getragen. Bei der Auswahl der Anlandeplätze sollte man diese Umstände berücksichtigen. Nach dem Anlanden und vor dem Einbooten trägt man immer das unbeladene Kajak; so vermeidet man unnötiges Verletzungsrisiko beim Transport von schweren, sperrigen Lasten im unwegsamen Gelände. Beim Tragen eines beladenen Kajaks zu stürzen, kann böse Verletzungen nach sich ziehen und auch das Kajak ernsthaft beschädigen. Muß man ein vollgepacktes Kajak transportieren, bedient man sich so vieler Helfer wie möglich, vorzugsweise mindestens einer an jeder Bootsspitze und einer an jeder Seite der Sitzluke.

Schwere Ausrüstungsgegenstände, wie zum Beispiel Wasser, Brennstoff und gewisse Nahrungsmittel, werden in der Mitte des Bootes verstaut, um die Stabilität zu verbessern. Analog dazu werden leichtere Teile weiter außen im Rumpf untergebracht. Viel Gewicht in den Spitzen führt zu Stampfen und Rollen des Kajaks. Kleine Gegenstände werden während des Ladens in Zwischenräume gestopft. Das beladene und gut getrimmte Boot liegt vorne und hinten gleich tief im Wasser . Ein schwerer Bug macht das Boot luvgierig (es dreht in den Wind), ein schweres Heck macht es leegierig (es dreht aus dem Wind). Man sollte beim Laden ebenfalls darauf achten, daß es keine Schlagseite hat, dies würde das Paddeln erheblich erschweren. Dinge, die man während der Fahrt brauchen könnte, wie z.B. Essen, Notausrüstung oder eine Kamera, kann man in Taschen, Knierohren, neben dem Sitz oder einfach in der Sitzluke unterbringen. Es muß jedoch immer gewährleistet sein, daß der Paddler im Notfall sein Boot problemlos verlassen kann. Gegenstände, die den Kompaß beeinflussen,

wie Radiogeräte, Taschenlampen, Dosen und Besteck, befinden sich so weit als möglich von ihm entfernt. Erscheint einem das Beladen am Anfang zeitraubend und lästig, sollte man nicht gleich aufgeben. Mit der Zeit geht es leichter. Nach einigen Tagen auf Tour findet jedes Ding seinen festen Platz.
Es gibt viele Paddler, die einen großen Erfahrungsschatz besitzen und gute Ratschläge für die Planung von Expeditionen in alle Teile der Erde liefern können. In den USA gibt es zwei gute Anlaufstellen:
Die Zeitschrift Sea Kayaker und die American Canoe Association. In Europa und Großbritannien können Sie sich an das British Canoe Union Expedition Committee (BCU), den Advanced Seakayak Club (ASKC) und den International Long River Canoe Club (ILRCC: spezialisiert auf Meeresexpeditionen und lange Flußexpeditionen) wenden.
In Deutschland haben sich die Seekajakfahrer in der Salzwasserunion (SAU) organisiert. Bitte legen Sie jeder Anfrage ein frankiertes, adressiertes Antwortkuvert bei. Auch über das Internet können Sie sich auf immer zahlreicheren Websites informieren.

Sea Kayaker, P.O. Box 17170, Seattle,
WA 98107-0870, USA.

American Canoe Association,
8580 Cinderbed Road, Suite 1900,
Newington, VA 22122, USA.

BCU, John Dudderidge House,
Adbolton Lane, West Bridgford,
Nottingham NG2 5AS, Großbritannien.

ASKC, 7 Miller Close, Newport,
Isle of Wight, Großbritannien.

ILRCC, Catalina Cottage, Aultivullin,
Strathy Point, Sutherland, Scotland,
KW14 7RY, Großbritannien.

Salzwasser - Union

www.salzwasserunion.de

Ansprechpartner

Inis Kalter

Rennsteig 42

28205 Bremen

19 Nachtfahrten

Es war ein kühler Herbstabend, an dem ich mein Kajak auf mein Auto lud und quer durch Anglesey nach Porth Daffarch fuhr. Bis ich mich umgezogen und das Kajak beladen hatte, war es bereits dunkel. Eine Gruppe von Freunden war irgendwo in der Gegend unterwegs. Sie hatten geplant, entweder in der Parliament House Cave oder an zwei anderen Stränden in der Gegend zu übernachten. Ich hatte mit ihnen verabredet, nach der Arbeit zu ihnen zu stoßen, um mit ihnen am folgenden Tag gemeinsam zu paddeln. Ich mußte sie nur noch finden. Als ich schließlich in See stach, stieg bereits der Mond groß und orangefarben am Horizont auf und warf sein trübes Licht auf die Wasseroberfläche, so daß die Wellenkämme in seinem Schein glitzerten. Ich entfernte mich vom Ufer; das Kajak schlingerte im hohen Wellengang, während ich versuchte, das Wellenmuster, das vor mir lag, zu lesen.

Ich hatte ein unheimliches Gefühl. Während ich an den Klippen entlangpaddelte, wurde ich immer wieder von reflektierten Wellen überrascht, die mein Kajak umzukippen drohten. Ich kannte hier jede Landzunge und jede Bucht, doch in der Nacht schienen sie miteinander zu einem dunklen, undurchdringlichen Vorhang zu verschmelzen. Ich hatte Probleme, meine Position zu bestimmen, während ich vorsichtig weiterpaddelte. War dies die enge Bucht, in der meine Freunde übernachten wollten?

Fischen vom Kajak aus, in der Nacht. Foto: Drew Delaney

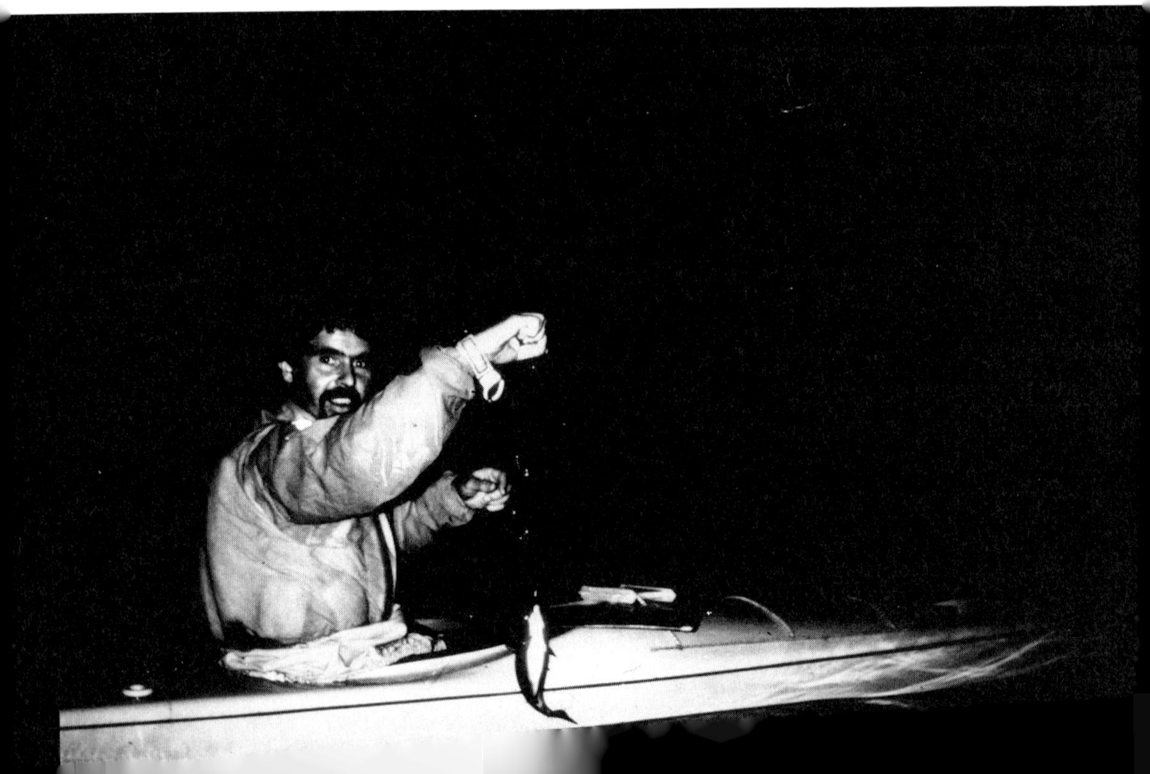

Vorsichtig näherte ich mich. Nein! Ich wußte nun, wo ich war – ich hatte nur noch eine kurze Strecke vor mir.

Als ich die verborgene Einfahrt in die Bucht, die ich suchte, endlich gefunden hatte, war dort keine Spur meiner Freunde auszumachen. Dies ließ mir noch zwei weitere Möglichkeiten. Parliament House Cave lag näher, aber ich bezweifelte, daß sie dort übernachten würden. Die Flut würde in dieser Nacht sehr hoch steigen, und die See war ziemlich hoch, so daß im hinteren Teil der Höhle bei Flut nicht genügend Platz gewesen wäre. Um die Höhle zu erreichen, mußte ich die Penrhyn Mawr Overfalls durchqueren. Heute Nacht würden sie sehr hoch sein. Ich näherte mich mit Vorsicht und betrachtete die tanzenden Phantome im blassen Schein des Mondes. Ich versuchte, ihre Höhe aus der Entfernung abzuschätzen. Es war unmöglich. Ich paddelte vorsichtig näher, das Tosen der rollenden Wellen in den Ohren. Inzwischen begann ich mich unwohl zu fühlen. Es ist erstaunlich, wie sehr das Einschätzungsvermögen beim Paddeln von der Sicht abhängt! Nach einer Weile hatte ich einen Entschluß gefaßt. Ich kehrte um und paddelte zurück.

Seekajakfahren bei Nacht kann eine wirklich wundervolle Erfahrung sein. Leuchtende Schweife grüner Phosphoreszenz wölben sich um den Bug herum und verwandeln sich mit jedem Paddelzug zu Wirbeln glitzernder Sterne. Das Mondlicht erzeugt einen anderen Effekt. Das gespenstische Licht reicht oft aus, um die Umrisse der Umgebung erkennen zu lassen, jedoch nicht die Details.

In bewohnten Gegenden vermischen sich die hellen Punkte ferner Lichter mit Lichtern, die näher liegen, so daß Entfernungen schwer abzuschätzen sind. Um die Distanz zu einem Lichtpunkt in etwa abschätzen zu können, versucht man, ihn mit einem weiter entfernteren Lichtpunkt in eine Linie zu bringen. Weicht man nun einige Meter von seinem Kurs ab und kehrt dann zur Ausgangsposition zurück, hat man bereits ein besseres Gefühl für die Entfernung. Bewegt sich das näher gelegene Licht nur wenig gegen den Hintergrund, so liegt es noch in einiger Distanz. Wenn es sich jedoch stärker bewegt, so liegt es bereits um einiges näher. Man sollte diesen Trick zunächst bei Tageslicht an Land ausprobieren. Dabei betrachtet man Objekte in einiger Entfernung und lehnt den Kopf von der einen Seite zur anderen. Die Objekte werden sich kaum gegeneinander bewegen. Nun betrachtet man Objekte in einer Entfernung von ca. 45 m, versucht, sie in eine Linie zu bringen, und wendet die gleiche Methode an. Man wird feststellen, daß sich die Objekte zueinander sehr viel stärker bewegen. Trainiert man diese Methode auch im Dunkeln, so wird man schließlich in der Lage sein, Entfernungen von Lichtern sehr gut einschätzen zu können. Auf nächtlichen Paddeltouren bemerkt man alle möglichen Lichter und Lichtquellen, z.B. den Lichterschein über Städten, blinkende Leuchttürme, Autoscheinwerfer, Beleuchtung von Booten und Häusern. Um sich an ihnen orientieren zu können, muß man in der Lage sein, sie zu unterscheiden.

Gemäß einer Regelung in der Seeschifffahrt müssen nachts alle Boote ein helles, weißes Rundumlicht führen, wenn das Boot nicht die vorgeschriebenen Lichter führen kann, um andere Boote zu warnen und Kollisionen zu vermeiden. Der Seekajakfahrer verwendet dieses Licht ebenfalls dazu, seine eigene Position festzustellen, wenn er von der Gruppe getrennt wurde, aber auch um mögliche Anlandeplätze nach eventuellen Gefahren abzusuchen. Es ist ebenfalls anzuraten, eine weiße Handfackel mitzuführen, die man bei Bedarf als stärkere Lichtquelle einsetzen kann. Wird ein Paddler z.B. im Dunklen von seinem Boot getrennt, kann er mit Hilfe einer weißen Handfackel den Ort des Geschehens besser ausleuchten und eine Rettungsaktion dadurch beschleunigen. Obwohl eine Handfackel kein Notsignal ist, ist es dennoch anzuraten, sie nur zu verwenden, wenn Taschenlampen nicht genügend Licht liefern, da das hellere Licht über größere Entfernungen gut sichtbar ist, und die Küstenwache zu Nachforschungen veranlassen könnte.

Helle Lichter vermindern die Sehfähigkeit im Dunkeln, und es gibt keine gesetzliche Vorschrift, mit ständig beleuchtetem Kajak zu paddeln. Meistens benötigt man beim Seekajakfahren nur ein schwaches Licht. Schwache Lichtquellen, wie zum Beispiel chemische Leuchtstäbe, sog. Knicklichter, sind beim Paddeln meist ausreichend. Sie bestehen aus einem Glasrohr, das einen chemischen Stoff enthält und von einem Plastikrohr umhüllt ist. Zwischen Glas- und Plastikwand befindet sich eine weitere Chemikalie. Wird das äußere Rohr gebogen, bricht das Glasrohr im Inneren, die beiden Chemikalien vermischen sich und erzeugen in einer chemischen Reaktion, die erst nach mehreren Stunden abgeschlossen ist, eine Lichtquelle (zumindest für eine Nacht). Beabsichtigt man, häufiger nachts zu paddeln, so ist eine wasserdichte Taschenlampe die billigere Alternative. Man kann sie in eine Hosentasche stecken, und sie ist auch nicht so hell, daß sie andere Paddler blendet. Die Batterien können leichter ersetzt werden, als die Leuchtstäbe.

Das Zusammenbleiben der Gruppe im Dunkeln

Eine Möglichkeit, eine Gruppe zusammenzuhalten ist, eine Lichtquelle so an einem der Kajaks oder am Kopf eines Paddlers anzubringen, daß sie von allen Seiten zu sehen ist. Man sollte die Gruppenmitglieder regelmäßig zählen.

Eine weitere Möglichkeit besteht darin, jeder Person eine Nummer zuzuweisen. Von Zeit zu Zeit ruft jeder Paddler laut seine Nummer in der Reihenfolge der Zahlen. Jede fehlende Nummer kann sofort einem bestimmten Paddler zugeordnet werden. Hin und wieder kommt es vor, daß sich vorbeifahrende Paddler oder Hochseefischer an diesem Spiel beteiligen und sich mit, überzähligen' Nummern in die Gruppe einschmuggeln. Besteht die Gruppe aus mehr als 10 Mitgliedern, ist es ratsam, sie in Grüppchen mit 3 oder 4 Paddlern aufzuteilen und jeweils einen Führer zu bestimmen, in dessen Nähe sich die restlichen Paddler aufhalten, um sich untereinander verständigen zu können. Wenn jeder der Anführer ein schwaches Licht am Boot oder am Körper trägt, so kann er mit den anderen Gruppenführern in Sichtkontakt bleiben, und die Gruppen sind dennoch weit genug voneinander entfernt, um sich nicht in die Quere zu kommen.

Vorsichtsmaßnahmen

Bei Nachtfahrten verliert man sehr leicht die Orientierung. Man sollte daher seine ersten Touren in Gegenden machen, die man sehr gut kennt, so daß man sich im Dunkeln anhand vieler Anhaltspunkte orientieren kann. Das Wetter sollte bei den ersten Ausflügen gut sein, und man sollte beachten, daß man nachts langsamer vorankommt. Es ist natürlich auch sinnvoll, die ersten Touren bei Mondschein zu unternehmen, bevor man sich in rabenschwarzen Nächten auf den Weg macht. Um das Orientieren anhand des Kompasses zu üben, versucht man es mit einem kurzen Dreiecks- oder Viereckskurs; entweder man stoppt die Zeit für jeden Kursabschnitt oder zählt als Alternative dazu die Paddelschläge.

Weiße Kleidung und ein mit weißer Farbe sowie reflektierendem Band beklebtes Kajak erhöhen die Sichtbarkeit bei Nacht. Zusätzlich zu einer reflektierenden Markierung, die man am Paddel anbringt, kann man bei Nacht auch noch eine Paddelsicherungsleine benutzen!

Seekajakfahren bei rauhen Bedingungen ist nachts sehr viel gefährlicher als am Tag. Man muß ein sehr gutes Bootsgefühl besitzen, um sein Kajak gegen anrollende Wellen, die man zwar hören, aber nicht sehen kann, zu stabilisieren.

Anlandestellen sollte man sich sehr vorsichtig nähern, da es passieren kann, daß man sich bereits hinter der Brandungslinie befindet und der Lichtstrahl der Lampe nicht bis zum Ufer reicht. Bei starkem Wind sind Rufe nur noch auf kurze Distanzen zu hören. Und schon bei niedrigem Seegang kann man den Paddler, der einen Lichtstab trägt, im Wellental nicht mehr sehen. Am Tag macht es einem nicht viel aus, seinen Partner in rauher See nur hin und wieder zu sehen. Ein derartig eingeschränkter Kontakt kann jedoch in der Nacht gefährlich sein, bedenkt man allein die Folgen einer Kenterung im Dunkeln unter solchen Bedingungen. Man sollte sein Glück nie herausfordern.

Des weiteren sollte Kajakfahren bei Nacht auch in Häfen und Gebieten mit regem Kleinbootverkehr vermieden werden, da diese den Kajaks ebenfalls sehr gefährlich werden können.

Betonnung in der Nacht

Die Positionen von Lichtern an Bojen, Baken und Leuchttürmen sind in Seekarten abgebildet; anhand von Abkürzungen werden auch Farbe, Blinkfrequenz, Höhe und die Distanz, bis zu der die Lichter bei guten Sichtverhältnissen erkennbar sind, angegeben. Die Positionslichter in der Schifffahrt bewegen sich. Es ist wichtig, die grundlegenden Navigationslichter, die Schiffe zwischen Sonnenuntergang und Sonnenaufgang setzen müssen, zu kennen. Schiffe mit Motorantrieb bis zu einer Länge von 50 m müssen mit einem weißen Topplicht und zwei farbigen Seitenlichtern – rot auf der Backbord- und grün auf der Steuerbordseite – gekennzeichnet sein. (Backbord ist die linke Seite des Schiffes, wenn man vom Deck aus nach vorne blickt.) Längere Schiffe müssen zwei Topplichter tragen, wobei das hintere Licht höher befestigt sein muß als das vordere Licht. Des weiteren muß es mit einem Hecklicht in dem Bereich, in dem die Topplichter nicht zu sehen sind, gekennzeichnet sein.

Befindet man sich in der Nacht direkt auf dem Kurs eines solchen Schiffes, sollte man zwei direkt übereinander angeordnete weiße Lichter und zusätzlich ein rotes Licht auf der rechten und ein grünes Licht auf der linken Seite sehen. Um einen Zusammenstoß zu vermeiden, muß man den Kurs des Schiffes kreuzen, so daß die beiden Topplichter nicht mehr in einer Linie übereinander liegen.

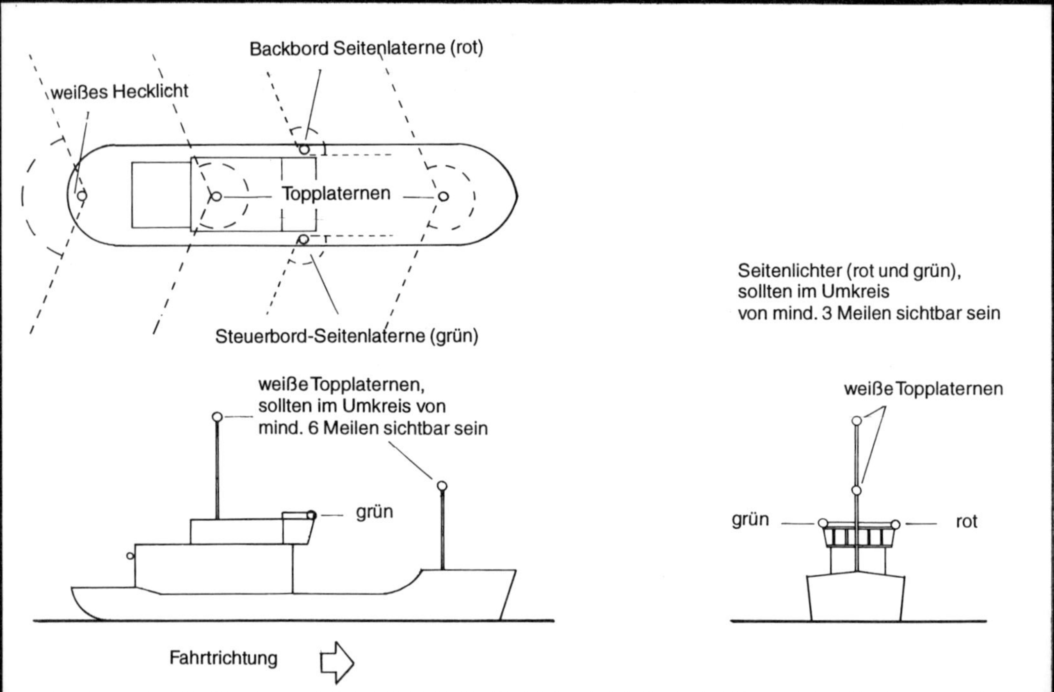
Backbord Seitenlaterne (rot)
weißes Hecklicht
Topplaternen
Steuerbord-Seitenlaterne (grün)
Seitenlichter (rot und grün),
sollten im Umkreis
von mind. 3 Meilen sichtbar sein
weiße Topplaternen,
sollten im Umkreis von
mind. 6 Meilen sichtbar sein
grün
weiße Topplaternen
grün
rot
Fahrtrichtung

Die Ausnützung des Windes hat beim Seekajakfahren von jeher eine Rolle gespielt. Das Seekajak wird jedoch hauptsächlich mit dem Paddel angetrieben, so daß die Verwendung von Segeln und Lenkdrachen eher eine Facette als einen grundlegenden Aspekt des Seekajakfahrens darstellt. Besonders auf offener See und als Mittel, um mit möglichst geringer Kraftanstrengung von einem interessanten Paddelgebiet zum anderen zu kommen, benutzt man Segel oder Lenkdrachen.

Daher beziehe ich mich hier vor allem auf leichte, einfach aufgebaute Riggs, statt auf kompliziertere Konstruktionen, die eher unter die Zuständigkeit von Segelhandbüchern fallen.

Segeln

Mit der einfachsten Segelanordnung kann man nur vor dem Wind segeln. Alles was man hierzu benötigt, ist ein Mast, der in ein Rohr gesteckt wird, das zwischen Deck und Rumpf eingelassen ist und ein dreieckiges Segel, an dessen freier Ecke eine Leine (in der Seemannsprache Schot) angebracht ist, die man entweder in der Hand hält oder an einer Schotklemme an der Seite des Kajaks befestigt. Je breiter das Kajak ist, desto einfacher ist die Handhabung dieser Klemme. Der Mast mit Segel kann in einem langen Rohr am Hinterdeck verstaut werden, damit er beim Paddeln nicht im Weg ist, wenn er nicht im Einsatz ist. Ein Fuß-

Segeln mit Kajaks vor der Küste der Insel Kyushu in Japan (Foto: Drew Delaney).

steuer ist eine nützliche Hilfe, man hat beide Hände frei, um das Segel zu bedienen. Wenn das Kajak quer zum Wind gesegelt werden soll, sind zwei Seitenschwerter oder ein Mittelschwert erforderlich, um zu vermeiden, daß es seitwärts versetzt wird. Da man im Kajak sein Gewicht nicht sehr weit zur Seite verlagern kann, um die Kraft, die auf das Segel wirkt, auszugleichen, muß man das Segel einholen, wenn der Wind droht, das Kajak umzukippen.

In Zweierkajaks kann man bereits kompliziertere Systeme verwenden. Ein zweiter Mast hinter dem Heckpaddler (Besanmast) bringt den Segeldruckpunkt in Richtung Heck und verhindert, daß das Kajak immer wieder aus dem Wind läuft. Somit ist es leichter, einen Kurs quer zum Wind zu halten. Möchte man die Masten jedoch nicht ständig aufgestellt lassen, so sollte man eine möglichst einfache Besegelung wählen, die man schnell und mit geringem Aufwand wieder verstauen kann.

Das Segeln als Katamaran erhöht in großem Maße die Stabilität der Kajaks. Es ist sehr einfach, an den Kajaks einige Veränderungen vorzunehmen, um sie mit ein paar Handgriffen zusammenschrauben zu können. Bei nicht gesetzten Segeln bewegt man die Kajaks mit Stechpaddeln vorwärts. Diese Anordnung habe ich für die Überquerung der Hudsonstraße 1981 ernsthaft in Erwägung gezogen. Auf dieser Expedition waren wir zu zweit unterwegs, und Einerkajaks wären für den Großteil der Unternehmung geeigneter gewesen. Für die Überfahrt von Resolution Island zu den Button Islands wäre es mit Besegelung bei günstigen Windverhältnissen sehr viel einfacher gewesen. Ein erster Versuch, Kajaks auf diese Weise zu verbinden, wurde auf der Elephant Island Expedition in die Antarktis einige Jahre zuvor durchgeführt. Die Katamarane bestanden jedoch aus Zweierkajaks und wurden nicht gesegelt, sondern gepaddelt oder mit Außenbordmotor angetrieben und in erster Linie für den Transport von Ausrüstung verwendet.

Ein Ausleger ist ein nützlicher Stabilisator für Einerkajaks. Er kann ganz einfach am Deck mittels Schrauben befestigt werden und muß weder schwer noch groß sein, um eine optimale Wirkung zu haben. Lindemann benützte für seine Atlantiküberquerung 1956 einen halben Autoreifenschlauch als Ausleger. Im 19. Jahrhundert waren die Kajaks sehr viel besser zum Segeln geeignet, als die heutigen Seekajaks. Es handelte sich um in Klinkerbauweise hergestellte, gaffelgetakelte Boote mit breitem Unterschiff und großer Sitzluke. Viele solcher Boote fuhren zwischen den schottischen Inseln hin und her, und dafür waren sie sicherlich gut geeignet!

Lenkdrachen

Lenkdrachen stellen im Vergleich zum Segel eine ganz andere Herausforderung dar. Zunächst muß man sich einen Lenkdrachen beschaffen! Eine Parafoil-Form eignet sich wahrscheinlich am besten, da sie viel Stabilität verleiht, leicht zu steuern ist und für guten Antrieb sorgt. Ein Lenkdrachen sollte eine Fläche von ca. 1 m^2 aufweisen und eine Hauptleine und zwei Steuerleinen besitzen. Die Steuerleinen sind wichtig, da sie den Lenkdrachen drehen und auch trippen können, so daß er Auftrieb verliert und zusammenfällt.

Einen Lenkdrachen mit offener Frontfläche sollte man zuerst in ‚Flügelform' aufblasen lassen und dann setzen, ohne daß er naß wird. Sobald er naß ist, wird er nämlich schwer, und es ist schwierig, das ganze Wasser aus ihm herauslaufen zu lassen, bevor ein neuer Versuch gestartet werden kann. Ist er erst einmal in der Luft, findet er gleichmäßigere Winde und ist leichter unter Kontrolle zu halten. Man sollte diese Technik zuerst an Land üben.

Segelt man auf Vorwindkurs, so wird der Lenkdrachen besser näher am Bug des Kajaks befestigt.

Wenn man quer zum Wind segelt und dabei schneller vorwärts kommen möchte, sollte der Befestigungspunkt näher zum Cockpit hin verlagert werden und der Lenkdrachen so weit wie möglich neben dem Kajak im Wind stehen. Dazu braucht man jedoch Seiten- oder Mittelschwerter, und selbst dann können noch Stabilitätsprobleme auftreten.

Sichert man den fliegend gesetzten Lenkdrachen, muß man sich darüber im klaren sein, daß ein Kajak ohne Besatzung besser segelt als mit! Die Luftströmung am Segel reißt ab, sobald der Paddler aus dem Boot fällt. In der Regel, wartet' es dann auf ihn, während ein Kajak mit Lenkdrachen einfach weiter segelt. Daher ist es ratsam, sich am Boot immer mit einer Leine zu sichern und zu lernen, wie man einen Lenkdrachen back hält. Außerdem sollte man für den Fall, daß er außer Kontrolle gerät und man ihn schnell einholen muß, ein Messer dabeihaben. Sobald die Leinen durchgeschnitten sind, verliert ein Lenkdrachen Auftrieb und fällt ins Wasser. Um ihn in einer solchen Situation wieder bergen zu können, muß er so ausgelegt sein, daß er nicht untergeht.

Treibanker

Treibanker können sehr nützlich sein; besonders, wenn man die Kajaks zu einem Floß verbunden hat, werden sie eingesetzt, um bei ungünstig blasendem Wind eine Abdrift in Ruhe- oder Eßpausen zu verhindern. Man kann sie auch in Einerkajaks verwenden. Diese müssen jedoch sehr stabil im Wasser liegen, da das Setzen, Einholen und Verstauen der Treibanker nicht so einfach ist. Die geeignetste Form ist die eines konisch erweiterten Eimers mit einem Loch im Boden, das genügend Auftrieb gibt, damit der Treibanker gerade noch an der Wasseroberfläche bleibt. Die Leine, mit der der Treibanker befestigt ist, sollte an der größeren der beiden Öffnungen angebracht sein; eine Auslöseleine zur Bergung an der kleineren. Es kann durchaus auch von Nutzen sein, eine Schwimmleine und eine schwerere Leine zu verwenden. Ich traf vor einigen Jahren einen Iren, der einen alten Regenschirm als Treibanker benutzte. Seine Idee war sehr effektiv: Wenn die Belastung zu groß wurde, knickte der Schirm einfach in die andere Richtung um, und wenn er seine Schuldigkeit getan hatte, konnte man ihn wieder in einen ordentlichen Schirm verwandeln, der selbst einem Londoner Pendler alle Ehre gemacht hätte. Ich habe diesen Iren nie bei Regenwetter getroffen, aber ich bin mir sicher, daß der Regenschirm auf seinen Touren mehrere Einsatzbereiche hatte!

Man sollte immer darauf achten, daß Treibankerleinen, die über das Deck laufen, sich nicht im Hecksteuer oder sonstigen, an Deck angebrachten Gegenständen verfangen. Um dies zu vermeiden, klappt man das Steuerblatt hoch, wickelt die Treibankerleine auf, und läßt sie neben dem Boot im Wasser treiben.

www.Pollner-Verlag.de

Kanuland Femund

von G. Kassel
120 Seiten, ca. 50 Farb-, SW-Bilder, Skizzen — *24,– DM*

Sein Ziel ist es, dem kanubegeisterten Leser das vielseitige und familienfreundliche Kanuland Femund, das sich besonders für einen erlebnisreichen, auch mehrwöchigen Aktivurlaub unter nordischem Himmel eignet, schmackhaft zu machen und die notwendigen Planungs- und Orientierungshilfen zu bieten.

Allier

von M. Schulze — *28,– DM*
140 Seiten, 15,5 x 22 cm,13 Kartenskizzen, 25 Farb-, 17 Schwarz-Weiß Bilder

So etwas gibt es noch? – das fast unberührte Paradies mitten in Europa. Dieser Fluß Allier ist einer der letzten großen Flüsse in unserer Welt, der auf seiner ganzen Länge Fluß-Abenteuer bietet. Dieser Führer bietet viele Informationen, die es jedem Kanuten ermöglichen, den Allier zu paddeln.

Die Loire

Kanuwandern auf einem königlichen Fluß

von M. Schulze
120 Seiten, 22 x 15,5 cm, 26 Farb-, 22 SW-Fotos — *28,– DM*

Natur pur, Abenteuer, einsame Inseln, ruhige Dörfchen, traumhafte Schlösser, sehenswerte Städte, Kirchen, endlose Sandstrände, sommerselige Unbeschwertheit, französische Lebensart und viel Erholung erwarten denjenigen, der sich diesem Fluß, einem der letzten Weitwanderflüsse Europas, anvertraut.

Das Buch bietet eine Fülle von Informationen um eine Fahrt exakt planen und durchführen zu können.

Die Steirische Salza

Ein Naturparadies in Österreich

von H. Matz
96 Seiten, 32 Farb-, 16 SW-Abbildungen, Kartenskizzen — *24,– DM*

Ein Urlaubsführer der allen Facetten des steirischen Salzatals seine Lichtpunkte aufsetzt. Bergwanderungen im Bereich des Hochschwabs und der Zeller Staritzen sind ebenso Inhalt des Buches wie romantische Höhlenbesuche, sportliche Kajakfahrten und Touren mit dem Rad.

Stechpaddelfahrschule

von F. Riegel u. D. Raffler — *14,80 DM*
38 Seiten, 18 x 12 cm, Ringheftung

Mit diesem Buch erlernen Sie die Grundlagen des Canadierfahrens in ca. 1 Stunde.

Sicher Eskimotieren

von P. Dutky
138 Seiten, 20 x 22 cm, 190 Zeichnungen — *29,– DM*

Das Kajaklehrbuch über die Eskimotiertechniken mit deren Hilfe das Kajak wieder aufgedreht wird. Mit vielen Zeichnungen werden die verschiedenen Rolltechniken nachvollziehbar erklärt. Darüberhinaus werden die modernen Spielformen des Kanurodeos erstmalig in Buchform mit vielen genauen Skizzen aufgezeigt. **– Cartwheels – Splints – Moves**

Der Hadernkahn – Geschichte des Faltbootes

Von U. u. C. Altenhofer
200 Seiten, 20 x 22 cm, 175 Fotos,103 Grafiken — *38,– DM*

Diese reich illustrierte Geschichte des Faltboots ist der Versuch, drei Generationen von ‚Faltbootfahrern' und eine faszinierende Sportbewegung in einem ‚Baldverlorenen Paradies' (Rittlinger) vor der Vergessenheit zu bewahren.

www.Pollner-Verlag.de

Kanuwandern in Bayern

Die schönsten Kanuwandergewässer in Bayern

von A. Zaunhuber

160 Seiten, 72 Farbbilder, 36 Karten — *36,– DM*

36 Kanugewässer für Einsteiger und Genießer. Idylische Kleinflüsse, Gewässer für Ferienfahrten und malerische Voralpenseen.
Dazu zahlreiche Infos zur problemlosen Tourenplanung. Jede Tour mit Farbfoto und Umgebungskarte.

Kanuwandern in der Mark Brandenburg

von A. Jankowski

40 Farbbilder, Karten

Sieben Paddelreviere rund um Berlin und darüber hinaus bieten die Möglichkeit, abwechslungsreiche Touren auf zumeist problemlos in beide Richtungen befahrbaren Flüssen, Kanälen und Seen unterschiedlicher Größe durchzuführen. Ausführliche Revierinformationen und Routenbeschreibungen erleichtern dabei die Urlaubsplanung.

Kanuwandern in Schleswig-Holstein

von H. Teigler — *36,– DM*

200 Seiten, 22 x 15,5 cm, 29 Kartenskizzen, 28 Farb- und 25 SW-Bilder

Horst Teigler hat alle Flüsse seiner Heimat mit dem Kanu befahren. Seine Erlebnisse hat er in kurze Geschichten gefaßt. Dazu kommen genaue Angaben zu den Flüssen. Dieses Buch ist ein ‚Muß', wenn Sie die Flüsse dieser Gegend mit dem Kanu erleben wollen.

Kanuwandern im Weser-Ems-Gebiet

von H. Teigeler — *36,– DM*

28 Farb- 31 SW-Bilder, 23 Kartenskizzen

Fotos zeigen die Schönheit der Landschaft aus der Perspektive des Kanuten. Im großen Infoblock werden die allgemeinen Bedingungen und Bestimmungen für Kanuten sowie naturgerechtes Verhalten erläutert.

Lustige Kajakschule

von W. Nealy — *29,– DM*

4. Auflage180 Seiten, 24 x 17 cm, das weltweit meistverkaufte Kajaklehrbuch

Wieder so ein Kajaklehrbuch?
Nein, Nealy´s spitzer Zeichenstift zeigt einen überreichen Erfahrungsschatz aus Wildwassererlebnissen in lustigen und lehrreichen Skizzen. Den Wildwasserneuling sowie auch den mit allen Wassern gewaschenen Könnern ermöglicht das neue Einblicke. Walzen, Wasserfälle, Sicherung, Selbstrettung und Paddlerlatein sind Schlagworte seiner Sammlung an Tips und Tricks für´s Kajakleben. Kurze, wichtige Infos mit einprägsamen Bildern ersetzen lange Erklärungen.
Auf 180 Seiten finden Sie die jahrzentelange Erfahrung als Anleitung zum sicheren Wildwasserfahren. So deutlich zeigt´s keiner – dabei mit viel Witz bei allem Ernst.

Die Thaya

von H. Matz — *24,– DM*

120 Seiten, ca. 50 Farbbilder, SW Aufahmen, 5 Orientierungskarten, Format 15,5 x 22 cm

Aus dem nächsten Umfeld der Thaya werden Kanutouren, Wanderwege und Radrouten beschrieben. Sakrale Schätze und Traditionsbauten, geschichtsträchtige Ruinen und Wüstungen, seltene Amphibien und Vögel, Naturdenkmale, Blumenwiesen und Wälder werden beschrieben und mit vielen Farbaufnahmen präsentiert.

Pollner Verlag
85764 Oberschleißheim, Rotdornstraße 7
Fax 089/315 18 90

Die Salzwasser-Union e.V. ist ein Zusammenschluß von Paddlern, die Salzwasserreviere bevorzugen. Uns verbindet ein gemeinsames Interesse an der Geschichte des Kajaks und seiner Erfinder, der Eskimos, die Faszination des lebendigen Meeres und unser Engagement für die Erhaltung des maritimen Lebensraumes. Wir erarbeiten und propagieren die notwendigen Fähigkeiten für sicheres Kajakfahren an den Küsten.
Maßnahmen zum Schutz der Natur unterstützen wir, auch wenn damit Einschränkungen unserer Paddelreviere verbunden sind. Wir wenden uns allerdings konsequent gegen politischen Opportunismus im Gewand solchen ‚Naturschutzes', der statt der Zerstörung der Umwelt die Zeugen dieser Zerstörung bekämpft.

Das Ausbildungs- und Fahrtenangebot der Salzwasser-Union wendet sich an paddeltechnisch Erfahrene, die mit den besonderen Reizen und Schwierigkeiten der Küstenfahrt auf Nord- und Ostsee vertraut werden wollen. Die entsprechenden Veranstaltungstermine werden im Mitgliedermagazin ‚Seekajak' veröffentlicht.

Wir sind ein gemeinnütziger Verein mit ca. 700 Mitgliedern, gehören keinem Verband an und pflegen international Erfahrungs- und Informationsaustausch mit unseren Partnerclubs.

Bernhard Hillejan
Vorsitzender

Salzwasser - Union
www.salzwasserunion.de
Ansprechpartner:

Inis Kalter
Rennsteig 42
28205 Bremen

NANUK
Seekajakzentrum
Rosenhagen
Einzige nach internationalen Standards geprüfte
Seekajakschule Deutschlands.
Mitglied im Nordkapptrust
Seekajaks
Feathercraft
ASSC
Valley
Ausbildung
Grundkurse
Fortgeschrittenenkurse
Erwerb der Sea Proficiency
Touren
Nordsee, Ostsee
Schweden, Dänemark, Norwegen
Info
Prospekt + Kursprogramm:
NANUK · Peter Nicolai
Straße des Friedens 4 a
23942 Rosenhagen
Tel.: 038 826 - 86 843
Fax: 038 826 - 86 833
www.nanuk.de
ROSENHAGEN
NANUK
Seekajaks · Ausbildung · Touren
NANUK

Buchliste Pollner Verlag

Pollner Verlag

Rotdornstraße 7
85764 Oberschleißheim
Fax 089/315 18 90

Kanuwandern:

Seekajakziele*
Kanuwandern in Schleswig-Holstein
Kanuwandern durch die Mark Brandenburg
Kanuwandern im Weser-Ems-Gebiet
Kanuwandern in Bayern
Der Kamp
Thaya
Kanutouren zwischen Ardennen und Rhön
Loire
Das Kanuland Femund
Der Allier

Kanuführer / Wildwasser

Durch Österreichs Schluchten*
Französische Alpen
Marokko
Korsika I*
Korsika II*
Wildwasserführer Piemont
Traumbäche und Schmunzelgeschichten*
Wildwasserperlen I Schwarzwald
Wildwasserperlen II Schwarzwald, Jura, Vogesen
Wildwasserperlen der Hochalpen*
Tessin – Kanu- und Schluchtenführer
Die Steirische Salza

Sport / Technik:

Sicher Eskimotieren und Kanurodeo
Lustige Kajakschule
Stechpaddelfahrschule
Seekajak Handbuch
Canyoning – Bergsport im Wasser*

Sport-Cartoons:

Kajak-Blindflug
Skikatastrophen v. W. Nealy
Lustige Mountainbike-Tips
Klettern ist die Hölle v. T. Knight
Ein "Blauer Planet" ist selten zu finden

Kanu-Literatur:

Das baldverlorene Paradies v. Rittlinger
Der Hadernkahn
In den Schluchten Europas
Eine freie Rheinfahrt
Kanu Total*

Mountainbike:

Mountainbike Fahrtechnik
Biketrails: Karwendel, Rofan, Mangfallgebirge
Mountainbike-Touren um Garm.-Partenkirchen

Reisen:

Fernweh Bd. 1*
Fernweh Bd. 2*

Berge / Bildbände

Karwendel-Panoramen*
Die schönsten Wasserfälle Österreichs*
Gleitschirm Total*

Nationalpark:

Neusiedler See Bd. 1 *
Neusiedler See Bd. 2*

Engl. Bücher:

Alone At See v. H. Lindemann

Video:

Family Mad u. Topotreffen
Over The Edge und
Verdon – die Schlucht gestern und heute
Kanuexpedition Tara 1932

Kalender:

Wildwasser-Kalender

Naturschutz:

Rettet unsere Flüsse

Schau mal rein ins Internet: www.Pollner-Verlag.de

Pollner Verlag
85764 Oberschleißheim, Rotdornstraße 7
Fax 089/315 18 90

Das baldverlorene Paradies
von H. Rittlinger
9. Auflage, 380 Seiten, 128 Abbildungen

In diesem Buch sind 'die tausend unentdeckten Schönheiten der heimischen Gewässer' Drau und Enns ausführlich geschildert. Dazu die abwechselnden Erlebnisse mit 'seinen 3 Kajakfrauen'. Das Buch dokumentiert die Umgestaltung der schönsten Gewässer Österreichs im Zeitraum weniger Jahrzehnte.

In den Schluchten Europas
Erstbefahrungen und Erlebnisse der Faltbootpioniere
von W. Frentz, 230 Seiten, 101 Abbildungen

Ob in den Schluchten des Balkans, der Alpen oder Spaniens, die Entdecker schildern spannend ihre Abenteuerreisen mit dem Faltboot in unbekannten finsteren Schluchten.

Eine freie Rheinfahrt von Bibrich nach Antwerpen
von W. von Diest, 137 Seiten, 51 Zeichnungen
Das erste deutsche Kanubuch von 1883

Es schildert die spannenden Erlebnisse einer Kanufahrt von Bibrich nach Antwerpen 1881. Walter v. Diest´s unterhaltsame Schilderungen eröffnen einen Einblick in die längst vergangenen Tage der Kanupioniere.

Alone at sea
von Dr. H. Lindemann, ***engl. Originalfassung***
192 Seiten, mit 24 Farbbildern

In diesem Buch berichtet Hannes Lindemann über zwei Atlantiküberquerungen. Das erste Mal mit einem Einbaum und das zweite Mal mit einem Klepper Serien- Faltboot. Eine spannende Lektüre über eine wirklich außergewöhnliche Leistung – 76 Tage allein im Kanu auf dem Ozean! Eine herausragende Pioniertat.

Seekajakziele – Die schönsten Küsten in Europa und Übersee

Ein Farbbildband der die schönsten Kajakküsten weltweit zeigt. Mit einen großen Infoteil als Anregung für die eigene Fahrt.

PRIJON
www.prijon.com
Gratiskatalog anfordern
Catalina
Länge 464 cm
Breite 55 cm
Gewicht ca. 24 kg
Volumen ca. 320 l
Calabria
Länge 448 cm
Breite 64 cm
Gewicht ca. 27 kg
Volumen ca. 390 l
Capri
Länge 367 cm
Breite 62 cm
Gewicht ca. 23 kg
Volumen ca. 260 l
PreTec Carbon Tour
aus bis zu 15 Lagen Carbon- und Glasfasergewebe | Gewicht 940 g
Im Katalog 2001: 30 Seiten Zubehör für Wanderpaddler
| Prijon GmbH | 83022 Rosenheim | Innlände 6 | Telefon: 08031/30370 | Fax: 08031/303799
| www.prijon.com | prijon-gmbh@t-online.de |